Die

Rehabilitation Verurteilter.

Von

Dr. jur. Ernst Delaquis,

Berlin.

Berlin 1906.

J. Guttentag, Verlagsbuchhandlung,

G. m. b. H.

HERRN RUDOLF UND FRAU JOHANNA NÉVIR

in Grofs-Lichterfelde

in Verehrung und Dankbarkeit zugeeignet.

Vorwort.

Der ehrenvolle Auftrag, an der diesjährigen Versammlung (Oktober 1906) der Zentralstelle für das Gefangenen-Fürsorgewesen der Provinz Brandenburg das Referat über die Frage der Rehabilitation Bestrafter zu übernehmen, bewog mich zu dieser selbständigen Publikation meiner schon in einer Fachzeitschrift (Mitteilungen der Internationalen Kriminalistischen Vereinigung Bd. XIII S. 145ff. und S. 548ff.) erschienenen Arbeiten über das obige Thema. Als Vorarbeiten für den Kongress der I. K. V. in Hamburg (September 1905) gedacht, könnten die beiden kleinen Berichte auch für kommende Verhandlungen von Wert sein. Von Änderungen und Zusätzen habe ich bis auf wenige Punkte abgesehen. Die absichtlich gewählte, mehr allgemeine Fassung entspricht dem Zweck der Arbeiten, lediglich eine Einführung zu sein. Dogmatisch-systematische Erörterungen haben dabei nicht in den Vordergrund zu treten.

Mit einer umfassenden Monographie über die Rehabilitation Verurteilter beschäftigt, wird die stets erneute Überprüfung meiner bisher geäußerten Ansichten, die Beachtung der veröffentlichten Besprechungen (vgl. hauptsächlich Oetker in „Der Gerichtssaal", Bd. 67 S. 424ff.) manche Klärung und Vertiefung meiner Überzeugung hervorrufen. Dankbar empfinde ich schon heute die Anregung, die mir durch das allgemein steigende Interesse an der Rehabilitation immer wieder zuteil wird.

Möge das Votum der I. K. V., mögen die Bemühungen der Zentralstelle für das Gefangenen-Fürsorgewesen der Provinz Brandenburg bei den für ihre Durchführung maßgebenden Stellen die ihnen gebührende Beachtung finden.

Berlin-Charlottenburg, 10. Mai 1906.

Ernst Delaquis.

Inhaltsübersicht.

1.[1])

Ehre im bürgerlichen Sinn ist soziale Wertung. Ihr steht die innere Ehre des einzelnen Menschen gegenüber, die in dessen Selbstwertung liegt. Die soziale Wertung kann gemindert und verloren werden durch Handlungen, welche ihrem inneren Wesen nach entehrend sind. Dies stellt das strafrichterliche Urteil deklaratorisch fest, insbesondere bei Aberkennung der bürgerlichen Ehrenrechte. — Richterliches Urteil einerseits, öffentliche Meinung anderseits dürfen aber nicht verwechselt werden. Das richterliche Urteil soll nicht der öffentlichen Meinung Ausdruck geben. Wie die öffentliche Meinung eine Art der sozialen Wertung, ist es doch rechtliche Beurteilung, die ganz bestimmten Normen unterliegt, während dies bei der öffentlichen Meinung nicht feststellbar ist. Die Divergenz zeigen oft genug Verurteilungen wegen politischer Delikte, bei denen der rechtlich Ehrlose durch die öffentliche Meinung als Märtyrer gefeiert wird. Öffentliche Meinung, Allgemeinempfinden und richterliches Urteil würden auch in der vorliegenden Frage weniger oft auseinandergehen, wenn ein neues Strafgesetz das Motiv, die Gesinnung des Delinquenten

[1]) Soweit im folgenden auf Stellen der „Materialien zur Lehre von der Rehabilitation“ (Im Auftrage der Internationalen Kriminalistischen Vereinigung gesammelt und herausgegeben von Delaquis und Polec, Berlin, Guttentag, 1905) oder auf Schriftsteller verwiesen wird, deren Schriften darin genannt sind, wird lediglich die Bezeichnung: „Materialien“ oder „Mat.“ S. . . . . gebraucht werden.

Der in Aussicht genommene Nachtrag zu obigen Materialien, gesammelt und herausgegeben von Ernst Delaquis, befindet sich im Druck. Er wird im 1. Heft des XIV. Bandes der Mitteilungen der I. K. V. enthalten sein, auch selbständig im Verlage von Guttentag erscheinen.

mehr beachten, nur bei ehrloser Gesinnung Schmälerung resp. Vernichtung von Ehrenrechten eintreten lassen würde.

Bis dahin wird, speziell gegenüber strafrichterlichen Urteilen, noch oft genug die Öffentlichkeit behaupten, daß Recht und Gerechtigkeit nicht übereinstimmen; dies ganz besonders rücksichtlich der Aberkennung der Ehrenrechte. — Die Begnadigung ist geeignet, diesen Übelständen einigermaßen abzuhelfen. Immerhin ein unzulängliches Mittel! Oft Gnade bezeugend, wo dem Verurteilten zweckmäßiger ein Recht auf Erlangung seiner sozialen Integrität zustehen sollte. Somit gerade dort nicht bessernd, wo wir die wenigst Verdorbenen, die an sich Besserungsfähigsten vor uns haben. Und doch ist soziale Besserung das erste Ziel des heutigen Strafrechts. — Ein neuer Ansporn zu dieser würde mit Einführung der Rehabilitation gegeben.

Ehrenstrafe, Begnadigung, Rehabilitation sind die drei Begriffe, die näher zu betrachten unsere Aufgabe sein wird. Deren gegenseitiges Verhältnis soll in kurzen Zügen geschichtlich berücksichtigt werden. Einer kurzen Darstellung soll sodann jene Entwicklung des Rehabilitationsinstitutes unterworfen werden, die wohl meist bisher, wie auch in Zukunft als Vorbild angesehen worden ist und werden wird: das System der Rehabilitation in Frankreich. Man möchte fast sagen: als Gegensatz hierzu soll die völlig verschollene strafrechtliche Rehabilitation des deutschen Partikularrechts ins Auge gefaßt werden. Anschließend könnte ein Blick in eine künftige Regelung für Deutschland getan werden.

A. Die Härte, die in den früheren lebenslänglich dauernden Strafen auf Aberkennung der Ehrenrechte lag, rief nach Mitteln zu ihrer Milderung. Die Begnadigung, die mildernd und ausgleichend eingreifen konnte, ist nicht imstande, den Makel der Strafe voll zu tilgen. Ihrem Wesen ist Willkür und Gunst innewohnend. So half man sich einerseits durch Einführung lediglich zeitlicher Ehrenstrafen,[1]) anderseits

[1]) In der bei zeitlichen Ehrenstrafen mit Ablauf der Zeit, für welche die Ehrenrechte aberkannt sind, von selbst wieder eintretenden Befähigung zur Ausübung dieser Ehrenrechte darf keine Rehabilitation

durch Einführung der Rehabilitation, die, an ein bestimmtes Verfahren gebunden, allerdings noch längere Zeit den Charakter der Gnade aufweist. Damit nicht genug, wurde selbst in jenen Ländern, in denen zeitliche Ehrenstrafen und Begnadigung bestanden, die Wiedereinsetzung in die Ehrenrechte eingeführt; hier um eine frühere Integrierung zu ermöglichen, als jene, die durch Ablauf des Zeitraums, für den die Ehrenfolgen aberkannt waren, von selbst eingetreten wäre.

Die Entwicklung führte aber noch weiter. Es unterliegt keinem Zweifel, daß die Rehabilitation unmittelbar mit dem System der Ehrenstrafen zusammenhängt, auf dieser Basis sich entwickelt hat. Mit der Zeit jedoch ist sie von diesem Nährboden unabhängig geworden. Nicht nur dort, wo eine Minderung der Ehrenrechte eingetreten ist, soll Rehabilitation möglich sein, nein, auch der Makel der Verurteilung selbst soll durch sie behoben werden können. Und nicht auf Gunst soll die Wiedereinsetzung ruhen, nein, der Verurteilte soll bei Erfüllung bestimmter Bedingungen ein Recht auf Reintegrierung haben. Dieses Recht wiederum soll ihm nicht nur zustehen, falls er sich moralisch gebessert hat, vielmehr soll lediglich eine rechtlich gute Führung verlangt sein, negativ: keine Kollision mit dem Strafgesetz. Endlich tritt bei sozialer Besserung die Rehabilitation ohne Mitwirkung irgend welchen Faktors lediglich infolge Zeitablaufes ein.

Diese Entwicklungsstadien vergegenwärtigt uns das französische Recht in den Instituten der Réhabilitation gracieuse (Charakter der Gnade), der Réhabilitation judiciaire (Charakter eines Rechts; der positive Beweis moralischer Besserung ist verlangt; die Rehabilitation richtet sich auf die Verurteilung selbst)[1]), der Réhabilitation de

gesehen werden. Es fehlt hier das wesentliche Merkmal der Rehabilitation: die postulierte Besserung des Verurteilten. Vgl. darüber unten.

[1]) In der Klammer wird speziell auf die französische Entwicklung Bezug genommen. Generell gefafst müfste es heifsen: Réh. jud.: (Charakter eines Rechts; zunächst ist der positive Beweis moralischer,

droit (Rehabilitation lediglich durch Zeitablauf nach sozialer [praesumierter moralischer] Besserung; die Verurteilung wird getilgt).

Damit aber sind wir über das Gebiet der Begnadigung weit hinaus geführt. Man beachte, daß die Begnadigung niemals als ein Recht, stets als Gunst aufgefaßt werden muß. Die Rehabilitation kann ein Recht sein — ja, in entwickelteren Stadien ist sie stets ein Recht. — Begnadigung hebt die Strafe regelmäßig vor oder während ihres Vollzugs auf oder mildert sie, wandelt sie im gleichen Zeitpunkt um. Die Rehabilitation ist gebunden an die Erstehung der Strafe. — Die Begnadigung hebt die Verurteilung als solche nicht auf, sie kann aber neben der Fähigkeit zum Erwerb gewisser verlorener Rechte auch unmittelbar in entzogene Rechte (z. B. Ämter) wieder einsetzen. Die Rehabilitation kann die Verurteilung selbst tilgen, gewährt dagegen nur die Fähigkeit zum Erwerb verlorener Rechte wieder, nicht unmittelbar die Rechte selbst.[1]) — Ob die Begnadigung auch gegenüber Rechtsverwirkungen wirksam werden kann, ist ebenso bestritten, wie es für die Rehabilitation unzweifelhaft festzustehen scheint. — Und während die Begnadigung auch in früheren Zeiten und Systemen denkbar ist, ist die Rehabilitation erst in einer Zeit möglich, die das Besserungsprinzip in erste Linie stellt. Ihr wesentliches Merkmal ist die Reintegrierung auf Grund der Besserung des Verurteilten. Mag das Postulat dieser Besserung mit der Zeit auch wesentlich abgeschwächt worden sein, so zeigt doch auch noch die Réhabilitation de droit dieses Moment. Es

später nur sozialer Besserung verlangt; die Rehabilitation richtet sich in dieser Form zunächst auf die Ehrenfolgen, später auf die Verurteilung selbst).

[1]) Genauer: Die gemeinen bürgerlichen Rechte, das heißt solche Rechte, die jedermann zustehen, der im Besitze seiner Ehre ist, werden unmittelbar wieder erworben. Die besonderen bürgerlichen Ehrenrechte, die einer besonderen Verleihung oder eines besonderen Erwerbstitels bedürfen, werden nicht selbst wieder erlangt, sondern nur die Fähigkeit zu deren Wiedererwerb.

ist uns daher nicht zweifelhaft, daß der Begriff der Rehabilitation diese letztere mit umfassen und insofern die geschichtliche Entwicklung wiederspiegeln muß.[1] [2]) — Beiden Instituten eigentümlich ist dagegen der Mangel jeglicher Wirkung gegenüber erworbenen Rechten Dritter.

Fassen wir das Gesagte zusammen, so kann der Begriff „Rehabilitation" — absehend von jenen Stadien, da Rehabilitation und Begnadigung noch nicht rein geschieden sind — dahin formuliert werden: „Rehabilitation ist die durch Staatsakt oder bloßen Zeitablauf, nach verbüßter Strafe (Erstehung, Begnadigung, Verjährung) auf Grund von Wohlverhalten (moralische Besserung, soziale [präsumierte moralische] Besserung) erfolgende Aufhebung (vorzeitige Aufhebung) des strafweisen Entzuges der politischen und bürgerlichen Rechte, des strafweise ausgesprochenen Verbotes, ein Amt zu bekleiden, einen Dienst zu verrichten oder ein Gewerbe auszuüben, bzw. Löschung der Verurteilung selbst (mit allen oder einem Teil der Minderungen).[2][3]

---

[1]) Einer Verwechslung zwischen Réhabilitation de droit und Verjährung — solcher Vergleich findet sich in der Literatur angedeutet — beugt schon der Hinweis darauf vor, dafs die Réhabilitation de droit in der heute bestehenden Form die Verurteilung selbst tilgt, während die Verjährung dies nie imstande ist. Auch würde der Vergleich schon durch den Hinweis auf die bei der Verjährung nicht verlangte Besserung hinfällig. — Bezüglich der Bestimmung Freiburgs in seinem Strafgesetzbuch (Mai 1849) § 90 (vgl. Materialien S. 887) ist Schiller S. 14 (Titel: siehe Materialien S. 465) beizustimmen, der darin nur die Ansetzung eines gesetzlichen Maximums für die Dauer des Entzuges der bürgerlichen Rechte und Ehren sieht.

[2]) Diese Auffassung kann ich in vollem Umfange heute nicht mehr aufrecht erhalten. Sicher ist, dafs die réhabilitation de droit historisch als Weiterbildung der réhabilitation judiciaire sich darstellt. Den Übergang zeigt deutlich die Stufenfolge: réh. judiciaire mit moralischer Besserung, réh. judiciaire mit sozialer Besserung, réh. de droit. Die beiden letzten Stufen weichen aber schon vom Grundgedanken der Rehabilitation, somit von der Rehabilitation im eigentlich technischen Sinne ab. Weitere Ausführungen mufs ich mir hier versagen.

[3]) Vgl. bezüglich unserer Fassung Schiller a. a. O. S. 10, 11, an dessen Formulierung die obige sich anlehnt. Schiller berück-

Allgemeiner: die nach Vollzug der Strafe auf Grund von Wohlverhalten erfolgende (ganze oder teilweise) Aufhebung des in der Verurteilung liegenden Makels.

B. Es scheint mehr als zweifelhaft, ob die Wurzeln des Rehabilitationsinstitutes schon im römischen Recht gefunden werden können.[1]) Es muß wohl angenommen werden, daß die Anfänge dieser Institution ins Mittelalter fallen, uns aber erst die **Ordonnance royale von 1670** eine bestimmte Abgrenzung der Rehabilitation gibt.[2]) Und auch diese mehr dem Namen, weniger dem Wesen nach. Denn die lettres de réhabilitation sind ihrer inneren Natur nach lettres de grâce proprement dites, reine Gnadenbriefe; allerdings nicht mehr dem freien königlichen Ermessen überlassen, sondern gebunden an Erstehung der Strafe und Ersetzung des angerichteten Schadens. In diesen letzten Momenten liegt der Boden für die Fortbildung der Rehabilitation zur Stellung eines selbständigen, neuen Rechtsinstituts.

Aber längere Zeit noch blieb die Rehabilitation gnadenweise Wiedereinsetzung. Doch immer freier werden die Bestimmungen, immer weiter der Umfang der Straftaten, gegen welche, immer größer die Zahl der Verbrecher, für welche Rehabilitation möglich ist. Das Verfahren, zunächst förmlich und schwerfällig, dem Besserungszweck nicht genügend Rechnung tragend, wird nach und nach immer formloser.

In kurzen Zügen soll dieser Entwicklungsgang im folgenden nachgewiesen werden, ein Entwicklungsgang, der im großen und ganzen einen steten Fortschritt bedeutet.[3])

Es ist mit eine Errungenschaft der französischen Re-

---

sichtigt in seinem Rehabilitationsbegriff nur das schweizerische Recht. Er gelangt zu einer zu engen Fassung.

[1]) Vgl. darüber u. a. Schiller a. a. O. S. 2.

[2]) Vgl. Materialien S. 92ff.; speziell Ordonnance Art. 5, 6, 7 (Mat. S. 98).

[3]) Im Ausschlufs jeder Mitwirkung eines Gerichtes zeigt das sonst fortschrittliche Dekret vom 18. April 1848 einen entschiedenen Rückschritt in der damaligen Entwicklung. — Vielfach wird auch die Einführung der Réh. de droit nicht als Fortschritt angesehen. Ueber weitere Schwankungen vgl. unseren Text.

volution, die das Recht der Gnade aufhob, die Rehabilitation im **Code pénal von 1791** auf eine neue, breite Basis gestellt zu haben.[1]) „Tout condamné qui aura subi sa peine pourra demander .... une attestation à l'effet d'être réhabilité.“ Diese weite Fassung des ersten Absatzes des Art. 1 wird erläutert durch dessen Absatz 2, der die Rehabilitation auf bestimmte Strafen beschränkt.[2])

Diese Rehabilitation wird dem Verurteilten, dem Zuge der Zeit folgend, vom Gemeinderat seines Wohnortes erteilt, zehn Jahre nach Erstehung der Strafe resp. Fällung des Urteils, wenn der Verurteilte die letzten zwei Jahre in der gleichen Gemeinde gewohnt hat, deren Gemeinderat er seine Bitte vorlegt.[3]) Also gleichsam ein Genossenschaftsgericht als Rehabilitationsinstanz!

Die Wiedereinsetzung ist aber nicht an die oben bezeichneten Bedingungen allein gebunden, der Verurteilte muß auch noch positive Beweise moralischer Besserung beibringen, Zeugnisse, die ihm von den Gemeinden, in denen er in den letzten zwei Jahren gewohnt, auszustellen sind. Nach bestimmt vorgeschriebenen Fristen[4]) ist die Entscheidung über die Wiedereinsetzung vom Gemeinderat zu treffen; das Gericht hat den affirmativen Beschluß ohne

---

[1]) Dem Code von 1791 folgt das helvet. peinliche Gesetzbuch von 1799 mit ganz unbedeutenden Änderungen. (Vgl. Mat. S. 869ff.)

[2]) Vgl. Materialien S. 97.

[3]) Das franz. Recht hat stets die Rehabilitation an eine Bewährungsfrist gebunden. Es sei gleich hier betont, daſs vielfach für politische Delikte eine solche Frist nicht postuliert ist, sondern das Rehabilitationsersuchen sofort nach Erstehung der Strafe gestellt werden kann. So: Luzern (St.G.B. 1861, § 85a; Mat. S. 897), St. Gallen (Krim.Proz. 1865, Art. 215; Mat. S. 890), Appenzell A. Rh. (St.P.O. 1880, Art. 98a; Mat. S. 379).

[4]) Vgl. Materialien S. 98. Solche Fristen, innerhalb deren oder vor denen nicht über die Rehabilitation entschieden werden muſs, weisen auch spätere Gesetze vielfach auf. Vgl. z. B.: C. i. cr. 1808 Art. 627 (Mat. S. 105), Gesetz vom 3. Juli 1852 Art. 627 (Mat. S. 111); Bund (B.Str.R.Pfl. Art. 179; Mat. S. 872); Tessin (St.P.O. 1816 § 462; Mat. S. 408, St.P.O. 1895 § 283; Mat. S. 410); Zug (Mat. S. 426); Italien (Mat. S. 287/88).

Prüfung in einem bestimmten feierlichen Verfahren zu verkünden. Die verliehene Rehabilitation ist dem Gericht, das die Verurteilung seinerzeit ausgesprochen, mitzuteilen, natürlich, falls es ein anderes, als das rehabilitierende Gericht ist.[1])

Und die Wirkung der Wiedereinsetzung? „La réhabilitation fera cesser dans la personne du condamné tous les effets et toutes les incapacités résultant de la condamnation" (Art. 10). Die Wirkungen der Verurteilung endigen, sowie alle Minderungen. Anzunehmen ist also, daß die Verurteilung selbst verschwinden wird, so daß sie später keinerlei Wirkung, z. B. als Basis einer Rückfallschärfung usw. hervorrufen kann. Allerdings bleibt die Ausübung der aktiven Bürgerrechte zunächst noch aufgehoben, bis der Rehabilitierte alle Geldleistungen, zu denen er verurteilt worden, ersetzt hat.[2])

Ist auf Abweisung der Bitte erkannt, so kann diese erst nach 2 Jahren wiederholt werden.

So weit der Code von 1791, der gegenüber der Ordonnance von 1670 einen bedeutenden Fortschritt aufweist, ohne immerhin allen Anforderungen zu genügen. Seine Formvorschriften sind geeignet, das in Vergessenheit geratene Delikt in aller Erinnerung zurückzurufen. Dadurch können Rehabilitationsgesuche nur hintangehalten werden. Die Stellung des Gerichts als lediglich bestätigende Behörde ist eine unwürdige. Die Vorenthaltung der Bürgerrechte nach Rehabilitierung dem Wesen des Institutes widersprechend. Und sehr bedauerlich, daß die Rehabilitation

---

[1]) Genauer sagt Art. 9 des Code 1791: „. . . la copie dudit procès-verbal y sera envoyée pour être transcrite sur le registre, en marge du jugement de condamnation." (Mat. S. 98.) Ähnlich C. i. cr. 1808 Art. 632 (Mat. S. 105); Dekret 1848 Art. 4 u. 6 (Mat. S. 108); Ges. 1852 Art. 633 (Mat. S. 111); Ges. 1885 Art. 633 (Mat. S. 133) u. die Kantone Genf, Neuenburg u. Waadt. Über die letzteren vgl. Schiller a. a. O. S. 71.

[2]) Ähnlich: St. Gallen 1865 (Mat. S. 390), Italien 1865 (Mat. S. 287). Die Rehabilitation ist hier also nicht als „unteilbar" aufgefaſst. — Das Gegenteil bestimmt ausdrücklich hinsichtlich des Stimmrechts das norwegische Gesetz vom 6. Aug. 1897 in Art. 1 (Mat. S. 326).

auf korrektionelle Strafen keine Anwendung findet, eine Regelung, die auch der **Code d'instruction criminelle von 1808** beibehalten hat, während dieser die Bewährungsfrist nach Erstehung der Strafe auf 5 Jahre reduziert. Der zu Rehabilitierende hat 5 Jahre im gleichen Arrondissement communal, 2 Jahre in der gleichen Gemeinde zu wohnen und auch jetzt noch Führungszeugnisse der Gemeinderäte beizubringen, in deren Gemeinden er gewohnt.[1]) Diese Zeugnisse sind noch von verschiedenen Oberbehörden zu genehmigen.[2])

Die Bitte um Rehabilitation ist nunmehr bei der Gerichtsschreiberei des kaiserlichen Gerichts, in dessen Sprengel der Verurteilte wohnt, einzureichen. Am Verfahren sind beteiligt Oberstaatsanwalt und Anklagekammer.[3]) Der Gerichtshof hat ein Gutachten abzugeben frühestens drei Monate nach Einreichung der Bitte. Deren Abweisung liegt in Händen des Gerichtshofes. Geschieht sie, so darf eine neue Eingabe erst nach Ablauf weiterer 5 Jahre erfolgen. Billigt der Gerichtshof das Rehabilitationsgesuch, so geht der Beschluß durch die Hände des Oberstaatsanwaltes an den Justizminister und von diesem an den Kaiser, der die Rehabilitation (auf dem Gnadenwege) erteilen kann. Die Rehabilitation tilgt sämtliche incapacités, denen der Verurteilte unterworfen gewesen, jedoch nicht die Verurteilung selbst. Ein weittragender Rückschritt gegenüber dem Code von 1791.

Interessant ist die Bestimmung, daß Rückfällige nie rehabilitiert werden können,[4]) eine Bestimmung, die der Anfangsentwickelung des Rehabilitationsinstitutes zumeist anhaftet.

Auch beim Code von 1808 sehen wir wieder in den

---

[1]) Ähnlich Wallis (Proz.O. 1849, Art. 481; Materialien S. 420).

[2]) Vgl. Materialien S. 104.

[3]) Vgl. Materialien S. 105.

[4]) Die gleiche Bestimmung findet sich auch in den Gesetzen folgender Länder: Wallis (Str.P.O. Art. 436; Mat. S. 420), Genf (C. i. pén. Art. 516; Loi 1 juin 1895; vgl. Mat. S. 392/98), Thurgau (Ges. v. 30. Mai 1866 § 18b; Mat. S. 411).

bei der Wiedereinsetzung mitwirkenden Faktoren die Einwirkung der politischen Verhältnisse. Dem monarchischen Staatsprinzip entspricht die gnadenweise Rehabilitation ebensosehr wie der Revolutionszeit die Rehabilitation durch die Vertreter der Bürgerschaft, den Gemeinderat. Ganz richtig sagt Chonez über das Gesetz 1808: „C'était, en définitive, un compromis entre les trois pouvoirs, qui jusqu'alors avaient participé dans des mesures diverses à la réhabilitation des condamnés: le pouvoir municipal, le pouvoir judiciaire et le pouvoir politique.“

Aber auch der Formalismus früherer Zeiten ist noch nicht ganz gewichen. Er zeigt sich in der Bestimmung des Art. 625: „La notice de la demande en réhabilitation sera insérée au journal judiciaire du lieu où siège la cour qui devra donner son avis, et du lieu où la condamnation aura été prononcée“,[1]) gegen welche sich schon oben geäußerte Bedenken geltend machen lassen. Es ist bedauerlich, den gebesserten Verbrecher aufs neue bloßzustellen, bedauerlicher, wenn aus Angst vor dieser Bloßstellung Rehabilitationsgesuche hintangehalten werden. —

Zweifelhaft war es bisher geblieben, ob Rehabilitation

---

[1]) Die Veröffentlichung des Rehabilitationsbeschlusses — nicht der Bitte — schreiben obligatorisch vor: Aargau, Ges. v. 15. März 1854 § 5 (Mat. S. 374); Neuenburg, C. proc. pén. 1875 Art. 458 (Mat. S. 399), Avant-Projet C. proc. pén. 1893 Art. 509 (Mat. S. 401), C. proc. pén. 1893 Art. 587 (Mat. S. 403); Thurgau, Ges. v. 30. Mai 1866 § 16 (Mat. S. 412); Zug, Ges. v. 1871 § 16 (Mat. S. 426); Zürich, Ges. betr. d. Strafverf. 1851 § 280 (Mat. S. 422). Anschlag des Rehabilitationsbeschlusses im Audienzzimmer des Wohnortsgerichts schreibt vor: Bern, Gesetzbuch üb. d. Verfahren 1854 Art. 578 (Mat. S. 385). Fakultative Veröffentlichung, d. h. auf Wunsch des Rehabilitierten lassen zu: Bund, B.Str.R.Pfl. Art. 181 (Mat. S. 372); Freiburg, St.G.B. 1849 Art. 85, 1874 Art. 89 (Mat. S. 387 u. 388); Genf, C. i. pén. Art. 524 (?) (Mat. S. 392); Tessin, St.P.O. 1895 Art. 285 (Mat. S. 410); Waadt, C. proc. pén. 1850 Art. 575 (Mat. S. 417); Wallis, Proz.O. 1849 Art. 483 (Mat. S. 420); Zürich, Strafverf. 1851 § 280 (Mat. S. 422), Ges. betr. d. Rechtspflege 1875 Str.P.O. § 1181 (Mat. S. 425), Ges.-Entwürfe betr. d. Rechtspflege 1901 Str.Proz. § 458 (Mat. S. 425). — Vgl. auch Schiller a. a. O. S. 101 bezügl. Italiens (Mat. S. 287).

eintreten könne, falls der Verurteilte begnadigt worden war und wenn er zu lebenslänglichen Strafen, wie z. B. zur dégradation civique verurteilt wird. Der Code d'instruction criminelle von 1808 schien in seinem Artikel 619 nur zeitliche Strafen zu berücksichtigen[1]) und es war zweckmäßig, daß der Art. 11 des **Gesetzes von 1832 (28. April)** diese Zweifel gelöst hat. Er gibt dem Artikel 619 Abs. 1 des Code d'instruction criminelle die einwandfreie Fassung: „Tout condamné à une peine afflictive ou infamante qui aura subi sa peine, ou qui aura obtenu, soit des lettres de commutation, soit des lettres de grâce,[2]) pourra être réhabilité." Der Absatz 2 des gleichen Artikels bezieht sich sodann ausdrücklich auch auf lebenslängliche Strafen. — Die Bewährungsfrist bleibt 5 Jahre.

Immer noch war aber gegen korrektionelle Strafen eine Rehabilitation nicht möglich.[3]) Der in dieser Regelung liegende Mangel wurde auch vielfach eingesehen und ihm abzuhelfen versucht. So 1843 und 1845.[4]) Aber erst das **Dekret vom 18. April 1848** brachte eine, wenn auch provisorische Änderung.

In der Ausdehnung der Rehabilitation auf korrektionelle Strafen liegt die Verwirklichung des richtigen Gedankens, daß auch der rehabilitiert werden soll, der eventuell keine Ehrenminderung erfahren. Es liegt darin die so notwendige Wiederherstellung von der moralischen Erniedrigung, die Befreiung von dem Makel, der nicht in der Ehrenminderung allein, sondern ebenso in der Verurteilung an sich liegt. Und für diese korrektionell Verurteilten ist auch zweck-

---

[1]) Vgl. Materialien S. 104.

[2]) Vgl. auch Wallis (Ges. 1849; Mat. S. 419); Aargau (Ges. 15. III. 1854 § 8a; Mat. S. 374); Zug (Ges. 1871 § 14a; Mat. S. 426); Bern (Strafverfahren 1854 Art. 566; Mat. S. 385); Genf (C. i. pén. 1884 Art. 516, Loi 1895; vgl. Mat. S. 392/393); Luzern (St.G.B. 1854 § 95, 1861 § 85; Mat. S. 396/97). Vgl. auch Neuenburg (Mat. S. 398ff.)

[3]) So Aargau noch 1854 (vgl. Mat. S. 374), Genf (C. i. p. Art. 516) 1884 (vgl. Mat. S. 392).

[4]) Vgl. Materialien S. 107.

entsprechend die Bewährungsfrist auf 3 Jahre herabgesetzt, während sie für die kriminellen Verbrecher in der Dauer von 5 Jahren bestehen bleibt.

Die Eingabe geht direkt an den Oberstaatsanwalt des Appellgerichtshofes, in dessen Sprengel seinerzeit die Verurteilung erfolgt ist, unter Beilage der Führungszeugnisse der Bürgermeister — nicht mehr der Gemeinderäte — der Wohngemeinden. Die Entscheidung liegt in Händen des Ministers ohne Intervention des Appellgerichtes.[1])

Es ist erfreulich, daß das **Gesetz vom 3. Juli 1852** die im Dekret von 1848 enthaltene Einbeziehung der korrektionellen Strafen definitiv beibehalten und verallgemeinert hat.[2]) Die Bewährungsfristen sind nach wie vor 5 resp. 3 Jahre. Die Jahre, die der Verurteilte im gleichen Kreise resp. in ein und derselben Gemeinde zubringen muß, stimmen mit den in den Bestimmungen des Code 1808 und des Dekretes 1848 verlangten überein. Eine bestimmte Spezialisierung muß nach dem neuen Gesetz die Eingabe aufweisen, die an den Staatsanwalt des Kreises zu richten ist, in welchem der Verurteilte wohnt. Artikel 622 sagt diesbezüglich: „Le condamné adresse la demande . . . . . . en faisant connaître: 1⁰ la date de sa condamnation; 2⁰ les lieux où il a résidé depuis sa libération, s'il s'est écoulé

---

[1]) Das Gericht hatte mitzuwirken z. B. nach den Gesetzen von 1808 und 1852. — Die obigen Bestimmungen gelten für korrektionelle Bestrafungen. Kriminell Bestraften gegenüber bleibt bezüglich der vorzulegenden Zeugnisse die Norm des Art. 620 C. i. cr. 1808 in Geltung. Bezüglich der Eingabe- und der Entscheidungsstelle gilt die oben bezeichnete Regelung. Nur bei der ersten Rehabilitierung? Vgl. Art. 3 Satz 2 des Dekretes 1848.

[2]) Die gleiche Erweiterung nahm Genf durch das Gesetz vom 1. Juni 1895 (vgl. Mat. S. 398) vor. Vgl. Anm. 8 auf S. 17. Sie besteht auch im Schweiz.St.G.Entw. 1903 (vgl. Mat. S. 373.) Allerdings beschränkt der Entwurf seine Bestimmungen auf Fälle, in denen ein Verurteilter in der bürgerlichen Ehrenfähigkeit eingestellt oder ihm die Ausübung eines Berufes usw. untersagt worden. Die Fassung ist u. E. zu eng. Warum mufs aufserdem die „Minderung" auf mehr als 8 Jahre erkannt sein? Warum solche Einschränkungen offenbar nach dem Vorbilde Basels und Zürichs?

après cette époque un temps plus long que celui fixé par l'article 620."

Neu ist auch die ausdrückliche Regelung in Art. 623: „Il (sc. le condamné) doit justifier du payement des frais de justice, de l'amende et des dommages-intérêts auxquels il a pu être condamné, ou de la remise qui lui en a été faite.[1])

A défaut de cette justification il doit établir qu'il a subi le temps de contrainte par corps déterminé par la loi, ou que la partie lésée a renoncé à ce moyen d'exécution."[2])

In Anbetracht der mit Recht fallen gelassenen Veröffentlichung des Rehabilitationsgesuches in öffentlichen Blättern mag diese ausdrückliche Regelung Zustimmung finden. Nötig ist sie schon deshalb, weil ihr Inhalt ein Wesensmerkmal der Rehabilitation bildet.

Einen Rückschritt aber möchten wir in der Bestimmung des Art. 624 sehen, der neben den Gutachten von Bürgermeister und Friedensrichter auch allgemein die Ausstellung von Führungszeugnissen durch die Gemeinderäte der Gemeinden verlangt, in denen der Verurteilte gewohnt (So: 1808). Es liegt in diesem Postulat eine größere Publizität der Straftat, für welche Rehabilitation verlangt wird. Und liegt wirklich ein Fortschritt in dem Umstand, daß die Zeugnisse nunmehr nicht mehr vom Verurteilten, sondern vom Staatsanwalt selbst zu beschaffen sind?[3])

Erwähnt sei endlich noch, daß auch über den Inhalt der Zeugnisse spezielle Vorschriften gegeben sind. Sie müssen enthalten:

---

[1]) Ausdrücklich regelt diesen Punkt auch: Schwyz (St.G.B. 1869, 1881 § 23b; Mat. S. 406); Appenzell A. Rh. (St.P.O. § 98 Abs. 2; Mat. S. 380); Obwalden (Mat. S. 413), jedoch nur mit Bezug auf Leistungen, zu denen wirklich verurteilt worden.

[2]) Anders: Schwyz (Mat. S. 406), Obwalden (Mat. S 413) bezüglich Ersatz und Kosten. Eine Mittelstellung nimmt ein: der Schweiz. St.G.Entw. 1903. Vgl. Art. 58 § 1 a. E. in Verbdg. mit Art. 36 (vgl. Mat. S. 373 u. Schiller a. a. O. S. 88).

[3]) So auch: Waadt (Loi 15 mai 1901 Art. 571; vgl. Mat. S. 419).

„1⁰ La durée de sa résidence (sc. du condamné) dans chaque commune, avec indication du jour où elle a commencé, et de celui auquel elle a fini;

2⁰ Sa conduite pendant la durée de son séjour;

3⁰ Ses moyens d'éxistence pendant le même temps.

Ces attestations doivent contenir la mention expresse qu'elles ont été rédigées pour servir à l'appréciation de la demande en réhabilitation.“ (Art. 624.)

Die Entscheidung liegt in den Händen des Präsidenten der Republik, dem das Gesuch vom Justizminister vorgelegt wird, falls die Anklagekammer, nach Anhörung des Oberstaatsanwaltes, zu einem der Rehabilitation günstigen Gutachten gelangt ist. Diese Bestimmungen stimmen mit denen von 1808 überein. — Geht die Ansicht des Gerichtes auf Abweisung der Bitte, so kann eine neue Eingabe erst nach 2 Jahren — 1808 und 1848 waren es noch 5 — eingereicht werden.[1]) Auch die Wirkung der Rehabilitation ist noch die gleiche wie früher, während neuerdings nur jene Rückfälligen von der Wiedereinsetzung ausgeschlossen sind, die nach einer Verurteilung wegen Verbrechens zum zweiten Male wegen eines Verbrechens zu krimineller Strafe verurteilt worden sind oder jene, welche nach ihrer Rehabilitation eine weitere Verurteilung erlitten haben.[2]) [3]) —

---

[1]) Die meisten Schweizerkantone verlangen vor Einreichung der neuen Eingabe auch Ablauf einer Frist von 2 Jahren, einige wenige eine solche von einem Jahre; Wallis: 3 Jahre. Vgl. darüber Schiller a. a. O. S. 73. Der Schweiz. St.G.Entwurf 1903 Art. 58 § 3 verlangt den Ablauf einer Frist von 3 Jahren. — Appenzell A. Rh. u. Thurgau weisen eine besondere Regelung auf. Vgl. Schiller ebda. — Ein bedeutender Fortschritt liegt, der Fassung der franz. u. schweiz. Gesetze gegenüber, in der Formulierung des zürcherischen Gesetzes betreffend den Strafprozeſs (1901) — vgl. Mat. S. 425 (Art. 457): „Wenn das Obergericht das Gesuch **wegen Unwürdigkeit** des Bittstellers abweist, so kann derselbe nicht vor Verfluſs von zwei Jahren ein neues einreichen.“

[2]) Ähnliche Bestimmungen finden sich in Norwegen (Gesetz 1883 Art. 5; Mat. S. 326), in Bern (St.P.O. Art. 566; vgl. Mat. S. 384), Aargau (Gesetz vom 15. März 1854 § 36; vgl. Mat. S. 374).

[3]) Dieses Gesetz von 1852 ist durch Gesetz vom 19. März 1864

Sind alle Gesetze nach 1808 Novellen zum Code d'instruction criminelle, so zeigen auch die „Loi du 14 août 1885, relative aux moyens de prévenir la récidive" sowie die „Loi du 10 mars 1898, ayant pour objet de rendre la réhabilitation applicable aux condamnés qui ont prescrit contre l'exécution de la peine" den gleichen Charakter. Das noch vorher ergangene **Dekret vom 7. September 1870**, welches bestimmt, daß die Rehabilitation „sera statuée par une décision rendue par le ministre de la justice après communication au conseil des ministres" ist in den politischen Verhältnissen begründet und ändert das materielle Recht nicht.[1])

Einen großen Fortschritt enthält dagagen das **Gesetz vom 14. August 1885.**[2]) War bisher die Rehabilitation als Gnade aufzufassen gewesen, hing es nach einer Ansicht immer noch lediglich von dem Gutdünken der Exekutivgewalt ab, ob sie bewilligt wurde oder nicht, während eine andere Ansicht dahin ging, daß bei Vorhandensein aller Bedingungen die Exekutivgewalt rehabilitieren müsse, so wird mit dem Gesetz von 1885 die Rehabilitation eigentlich zu einem Recht. Das Gericht erhält die Entscheidung in die Hand; es ist hiermit die Réhabilitation judiciaire in aller Form eingeführt.[3]) Neben diesem ersten großen Fortschritt steht aber noch ein weiterer. „La réhabilitation efface la

---

(Loi qui étend aux Notaires, aux Greffiers et aux officiers ministériels destitués, le bénéfice de la loi du 3 juillet 1852, sur la Réhabilitation) auf verschiedene Beamtenkategorien bezüglich deren Disziplinarstrafen ausgedehnt worden. Siehe dessen Text: Materialien S. 225.

[1]) Irrtümlich faſste ich im Hamburger Bericht dieses Dekret als selbständig auf, während es wohl lediglich als teilweise Abänderung der Bestimmungen von 1852 anzusehen ist. Daraus ergibt sich die obige Abweichung vom ursprünglichen Text.

[2]) Im wesentlichen übereinstimmend: das belgische Gesetz v. 25. April 1896. (Mat. S. 9 ff.)

[3]) Diese ist schon früher z. B. in Genf (vgl. Mat. S. 392) und in Neuenburg (vgl. Mat. S. 399) eingeführt. Bezügl. der Schweizer Kantone, die die réh. jud. besitzen, vgl. Schiller a, a. O. S. 67. Bezügl. des Schweiz. St.G.Entw. 1903: Schiller a. a. O. S. 89.

condamnation“) (Art. 634). Es ist hiermit ein Zustand herbeigeführt, den viele im Code pénal von 1791 sehen. Die Verurteilung geht unter, ohne irgend welche Wirkung in Zukunft ausüben zu können.[2])

Neben diesen Hauptänderungen sind noch einige weniger bedeutende Punkte zu erwähnen. So sei darauf aufmerksam gemacht, daß einerseits auch die Verjährung von der Entrichtung der Kosten, der Geldstrafe und des Schadenersatzes befreit, daß aber nur noch jene Leistungen in Betracht fallen, zu denen der Gesuchsteller auch wirklich verurteilt worden ist.[3]) Der Bezahlung oder Verjährung steht die Zwangshaft gleich. Für Fälle der Unmöglichkeit der Entrichtung der Gerichtskosten kann die Rehabilitation auch ohne deren Bezahlung oder bei teilweiser Begleichung erworben werden (Art. 623 Abs. 4).[4]) Neue Bestimmungen sind aufgenommen in bezug auf jene Verurteilte, die der Residenzpflicht infolge ihres Berufes nicht nachkommen können,[5]) weiter für den Fall des Nichtbekanntseins des Verletzten und für eventuelle Festsetzung der Quote, die von dem die Rehabilitation Nachsuchenden bei Solidarverurteilungen zu entrichten wäre.[6])

Zurückgekehrt ist dieses Gesetz zur Regelung des Dekretes von 1848 insofern als Führungszeugnisse nur noch

---

[1]) So auch: Neuenburg (C. pr. pén 1898: Mat. S. 403).

[2]) Diese Wirkung enthält auch das Gesetz vom 27. Mai 1885. Vgl. Materialien S. 119.

[3]) Anders vgl. oben Gesetz 1852 Art. 623 Abs. 1 — Eine Proposition vom 23. Mai 1885 (Mat. S. 125) wollte die oben hervorgehobene Bestimmung ausdrücklich treffen. Doch wurde davon abgesehen. — Bezüglich dieser Momente vgl. in Hinsicht des schweizer. Rechts: Schiller a. a. O. S. 45 ff. Bedauerlich ist, dafs der schweiz. St.G.Entw. 1903 die Verjährung nicht berücksichtigt. Vgl. Mat. S. 373. Schiller a. a. O. 87.

[4]) Vgl. unsere Anm. 2 S. 19. Freiheit von Gerichtskosten bei Rehabilitationsverhandlungen postuliert: Zug (Mat. S. 426).

[5]) Vgl. Art. 621 Abs. 3. Eine analoge Bestimmung bestand in Französ.-Indien schon 1888 (vgl. Mat. S. 221).

[6]) Vgl. Art. 623. Vgl. auch Freiburg (St.G.B. 1874 Art. 88 Abs. 2; vgl. Mat. S. 388) (nur auf Kosten bezüglich).

von den Bürgermeistern jener Gemeinden zu verlangen sind, in denen der Verurteilte gewohnt.

Von Interesse ist die Bestimmung, daß die Partei oder deren Vertreter gehört werden solle.[1])

Zum erstenmal findet sich in diesem Gesetz ein Hinweis ganz allgemeiner Art auf das Strafregister. „Mention (scil. de la réhabilitation) en est faite au casier judiciaire. Les extraits délivrés aux parties ne doivent pas relever la condamnation“ (Art. 633).

Endlich geben noch die letzten Absätze des Artikels 634 dem Gebiete der Rehabilitation selbst eine Erweiterung. Lassen wir das Gesetz selbst sprechen: „Les individus, qui sont en état de récidive légale, ceux qui, après avoir obtenu la réhabilitation, auront encouru une nouvelle condamnation, ne seront admis au bénéfice des dispositions qui précèdent qu'après un délai de dix années ècoulées depuis leur libération.

Néanmoins, les récidivistes qui n'auront subi aucune peine afflictive ou infamante et les réhabilités qui n'auront encouru qu' une condamnation à une peine correctionnelle seront admis au bénéfice des dispositions qui précèdent, après un délai de six années écoulées depuis leur libération.“[2])

Die Entwickelung des Rehabilitationsinstitutes von der Réhabilitation gracieuse zur Réhabilitation judiciaire findet ihren Abschluß im **Gesetz 1898**, der **„Loi, ayant pour objet de rendre la réhabilitation applicable aux condamnés qui ont prescrit contre l'exécution de la peine“.**[3]) Sagt uns der

---

[1]) Vgl. als Gegensatz hierzu das schweiz. Recht nach Schiller a. a. O. S. 70/71.

[2]) Es sei noch bemerkt, dafs das Projet du Code pénal français von 1893 keine neuen Bestimmungen aufgenommen hat. Vgl. Materialien S. 186. Der Schweiz. St.G.Entw. 1903 läfst die Rückfälligen ganz allgemein zur Rehabilitation zu. Schiller bedauert mit Recht, dafs für diese nicht — dem französ. u. ital. Recht analog — eine längere Bewährungsfrist verlangt wird.

[3]) Die Verjährung ist der Erstehung der Strafe mit Bezug auf die Rehabilitation auch gleichgestellt in: Schaffhausen (St.G. 1859

Name des Gesetzes schon, worin dessen Hauptfortschritt zu sehen ist, so muß doch noch auf den Umstand speziell hingewiesen werden, daß diejenigen, welche „condamnés contradictoirement ou par contumace à une peine afflictive ou infamante ont prescrit contre l'exécution de la peine" (Art. 2 Abs. 4) die Rehabilitation erst nach einer Bewährungsfrist erlangen können, die derjenigen für die „Rückfälligen" des Gesetzes 1885 gleichgestellt ist: 10 Jahre von ihrer Haftentlassung oder von der Verjährung ab.[1] [2]) Schon sechs Jahre nach Ablauf der Verjährung sollen aber jene zur Rehabilitation zugelassen werden, die „condamnés contradictoirement ou par défaut à une peine correctionnelle auront prescrit contre l'exécution de la peine". Diese Kategorie ist somit jenen Rückfälligen gleichgestellt, die (auch im Gesetz 1885) keine Leibes- oder entehrende Strafe erlitten haben oder den Rehabilitierten, über welche später nur eine korrektionelle Strafe verhängt wurde.

Von allen „contradictoirement, par contumace ou par défaut" Verurteilten, deren Strafe verjährt ist, ist aber zwecks Rehabilitation, abgesehen von den schon hervorgehobenen Vorschriften, noch die eine Bedingung zu erfüllen: „ils sont tenus de justifier qu'ils n'ont encouru, pendant les délais de la prescription, aucune condamnation pour faits qualifiés crimes ou délits et qu'ils ont eu une conduite irréprochable" (Art. 2 Abs. 7). Ein positiver Beweis ist also erfordert. —

Damit ist eine Entwickelung abgeschlossen, die, in wirklich fortschrittlichem Geiste gehalten, der Rehabilitation ein immer weiteres Anwendungsgebiet gegeben hat, immer weitere Kategorien von Verurteilten dem sozialen Leben

---

§ 86, St.G.Entw. 1889 Art. 80; vgl. Mat. S. 404/405). Vgl. bezügl. des Schweiz. St.G.Entw. 1903: Anm. 3 S. 22.

[1]) Vgl. oben S. 23.

[2]) Der erste uns bekannte Vorschlag, der sowohl gegenüber Verurteilten, deren Strafe verjährt ist, als gegenüber in contumaciam Verurteilten die Rehabilitation anwenden wollte, ist enthalten in einer Proposition Beauquier vom 11. März 1883 (vgl. Mat. S. 208).

durch die in Aussicht gestellte Reintegrierung wiederzugewinnen suchte.

Mit dem **Gesetze 1899 „sur le casier judiciaire et la réhabilitation de droit“** beginnt eine neue, zweite Entwickelungsreihe, deren Vorläufer schon im Gesetze vom 26. März 1891 (Loi Bérenger) zumeist gesehen wird. — Es ist auffallend, bei den bisher betrachteten Rehabilitationsbestimmungen keinerlei Hinweis auf das Casier gefunden zu haben. Auffallend; aber doch erklärlich! Denn einerseits war die Rehabilitation lange Zeit eine Art Gnade, anderseits ist ja das casier judiciaire nur auf Grund ministerieller Circulaires geregelt gewesen. Das erste Gesetz aber, das die Rehabilitation als Recht auffaßt — das Gesetz vom 14. August 1885 — gibt uns auch gleich den nötigen Hinweis auf das Strafregister.

Anders die späteren Gesetze. Beabsichtigt war eine gesetzliche Regelung des Strafregisters[1]) und es ist mehr oder weniger Zufall, daß darin auch die Réhabilitation de droit Platz gefunden hat, welche ursprünglich gemäß einer Proposition de loi vom 20. Februar 1894[2]) (présentée par M. Michelin) in dem Code d'instruction criminelle hätte Aufnahme finden sollen.[3]) So werden zwei Institute, die an sich in keiner Weise zusammenhängen, gleichsam Voraussetzung und Wirkung. Denn der Grundgedanke der neuen Gesetzgebung ist der, daß die Verurteilungen, die ins Strafregister eingetragen, nach einer bestimmten Zeit

---

1) Vgl. diesbezüglich auch schon die Proposition vom 28. Juni 1890 (Mat. S. 210).

2) Vgl. Materialien S. 187. — Wie schon hervorgehoben, ist allgem. Ansicht nach die Réhabilitation de droit zum erstenmal im Gesetz vom 26. März 1891 Art. 1 Abs. 2 enthalten: „Si pendant le délai de 5 ans, à dater du jugement ou de l'arrêt, le condamné n'a encouru aucune poursuite suivie de condamnation à l'emprisonnement ou à une peine plus grave pour crime ou délit de droit commun, la condamnation sera comme non avenue“. Bezüglich der Wirkung auf das Casier vgl. Art. 4 (Mat. S. 185).

3) Den gleichen Gedanken enthielt schon eine Proposition vom 28. Juni 1890 (vgl. Mat. S. 210).

guter Führung daselbst (d. h. im Bulletin No. 3) infolge „Verjährung" gelöscht werden,[1]) durch weitere gute Führung während eines bestimmten Zeitraumes gänzlich untergehen.[2])

Es ist nicht Aufgabe dieses Berichtes, auf Einrichtung und Handhabung des Strafregisters näher einzugehen, wie es auch nicht unsere Absicht ist, die französisch-rechtliche Réhabilitation de droit des genaueren darzustellen. Hier sei vielmehr ein Hinweis auf den Bericht des Herrn Untersuchungsrichters G. Le Poittevin gestattet,[3]) dessen grundlegende Arbeiten auf diesem Gebiete bekannt genug sind.

Kurz hervorgehoben sei immerhin, daß nach Artikel 2 des Gesetzes 1899 auf dem Bulletin No. 1 unter anderem auch die Rehabilitationen zu verzeichnen sind. Es dürfte weiterhin genügen, wenn wir zwecks späterer Verweise darauf aufmerksam machen, daß das französische Gesetz drei Arten von Bulletins unterscheidet, von denen das sogenannte Bulletin No. 2 die Summe der Aufzeichnungen der verschiedenen auf ein und denselben Verbrecher bezüglichen Bulletins No. 1 aufweist. Das letztere wird auf der Gerichtsschreiberei des Gerichtes erster Instanz für jene Personen niedergelegt, die im Gerichtsbezirk geboren, das erstere bestimmten amtlichen Stellen zu bestimmten amtlichen Geschäften zur Verfügung gestellt. Art. 3: „Le casier judiciaire central, institué au Ministère de la justice, reçoit les bulletins No. 1 concernant les personnes nées à l'étranger,

---

[1]) Den gleichen Gedanken enthielt schon eine Proposition vom 28. Juni 1890 (vgl. Mat. S. 210).

[2]) Vgl. hierzu die Proposition der sozialistischen Kammergruppe, die den Gedanken der Réhabilitation de droit in einer Zeit der Stockung der Verhandlungen zum Gesetz 1899 aufnahm. Gegenüber dem Gesetz 1899 weist diese Proposition eine grofse Einschränkung der in dem Bulletin No. 3 nennbaren Verbrechen auf. Die Réhabilitation de droit tritt viel schneller ein, Eintragung im Casier und „Verjährung" ist nicht Voraussetzung jener. Der Rückfällige kann nicht wieder de droit rehabilitiert werden. Die Verjährung der Strafe ist deren Erstehung gleichgestellt (vgl. Mat. S. 211ff.).

[3]) Vgl. „Mitteilungen" Bd. XIII S. 102ff.

dans les colonies, ou dont l'acte de naissance n'est pas retrouvé." Bezüglich des Bulletin No. 3 sagt der Artikel 6: „Un bulletin No. 3 peut être réclamé par la personne qu'il concerne. Il ne doit, dans aucun cas, être délivré à un tiers."

Bestimmte Verbrechen dürfen nun von allem Anfang an auf dem Bulletin No. 3 nicht verzeichnet werden; andere werden wieder nach einer bestimmten Zahl von Jahren, die von der Höhe der verhängten Strafe — leider nicht von der vom Täter kundgegebenen Gesinnung — abhängig ist, davon gelöscht.[1]) So dürfen Verurteilungen, die durch Rehabilitation gelöscht sind, nicht auf dem Bulletin No. 3 stehen. Und es muß die Rehabilitation auch auf dem Bulletin No. 2 verzeichnet werden.

Voraussetzung der oben genannten Löschung auf dem Bulletin No. 3 ist stets Erstehung der Strafe resp. Zahlung der Geldbuße, wobei der Erstehung der Strafe der gnadenweise Erlaß, der Zahlung die Zwangshaft entsprechen. Wird aber der zu Rehabilitierende während des Laufes der Frist wieder wegen Verbrechen oder Vergehen zu einer höheren als einer Geldstrafe verurteilt, so weist das Bulletin No. 3 erneut alle Aufzeichnungen des Bulletin No. 1 auf mit Ausnahme der auf diesem letzteren laut Art. 7 nie einzutragenden (Art. 9).

Es ist nun der Artikel 10, der die Réhabilitation de droit gesetzlich regelt. Er verweist lediglich auf die Fälle, die in Artikel 8 berücksichtigt sind und bestimmt eine Zusatzfrist zu der dort für die Löschung im Bulletin No. 3 bestimmten Zeitdauer. La réhabilitation sera acquise de plein droit, lorsqu'il se sera écoulé dix (quinze, vingt) ans dans le cas prévu par l'article 8 § 1° et 2° (§ 3°, § 4°) sans que le condamné ait subi de nouvelles condamnations à une peine autre que l'amende. Die weiteren Bestimmungen beziehen sich auf die Rechtsmittel bei Rehabilitationsentscheidungen,[2]) auf die Bestrafung von Fälschungen (Art. 11)

[1]) Vgl. Art. 7 und 8 des Gesetzes (Mat. S. 157).

[2]) Über diese bei der — zumeist gerichtlichen — Rehabilitation des schweiz. Rechts vgl. Schiller a. a. O. S. 71 f.

und auf das Verfahren bei Berichtigung der Eintragungen im Strafregister.

Interessant ist die Bestimmung des Art. 12: „L'étranger n'aura droit aux dispenses d'inscription sur le bulletin No. 3 que si, dans son pays d'origine, une loi ou un traité réserve aux condamnés français des avantages analogues“, die im Gesetz von 1900 hinweggefallen ist. Dieses Gesetz (**Loi du 11 juillet 1900, portant modifications de la loi du 5 août 1899 sur le casier judiciaire et sur la réhabilitation de droit**) zeigt uns bis auf wenige Punkte materiell unwesentliche Veränderungen. Zunächst ist der Kreis jener Amtsstellen bedeutend erweitert, die auf Auslieferung des Bulletin No. 2 Anspruch erheben können. Wesentlich abgeändert sind dann auch die Bestimmungen über diejenigen Verurteilungen, die nach einer bestimmten Zahl von Jahren auf dem Bulletin No. 3 gelöscht werden können. Von unwichtigen Abänderungen absehend, ist jedoch ganz besonders darauf hinzuweisen, daß im Gegensatz zum Gesetz 1899 die Verjährung im neuen Gesetz der Erstehung der Strafe gleichgestellt ist. —

Endlich sei hier auch noch auf die **Proposition de loi tendant à modifier les lois du 5 août 1899 et 11 juillet 1900, relatives au casier judiciaire,** (présentée par M. E. Morlot, le 2 juillet 1901) hingewiesen.[1]) Das Interessanteste daran ist, daß durch diese Proposition das Bulletin No. 3 eigentlich ganz ausgeschieden wird. Der Artikel 1 bestimmt in Satz 2: „Il ne pourra jamais être délivré d'extraits du casier judiciaire à des particuliers, quels qu'ils soient.“ Damit würde die Eintragung und Löschung im Bulletin No. 3 als Voraussetzung der Rehabilitation hinfällig. Und so bestimmt denn Artikel 2 einfach, daß die Réhabilitation de plein droit nach Ablauf bestimmter Fristen erworben werden kann, falls der Verurteilte keine anderen Strafen als Geldstrafen inzwischen erlitten hat. Die Bewährungsfrist ist jetzt naturgemäß eine viel kürzere.[2])

---

[1]) Vgl. Materialien S. 214.

[2]) Diese Rechtslage wäre schon als Folge der oben zitierten Proposition Dejeante eingetreten (vgl. Mat. S. 212f.).

Soviel über die französische Gesetzgebung! Es ist um so notwendiger, sich diese genau zu vergegenwärtigen, als sie nicht nur für viele andere Länder vorbildlich gewesen, sondern sicherlich auch in Zukunft vorbildlich sein wird. Sie bietet das Bild einer Entwickelung zu immer fortgeschritteneren Formen und schreitet bis zu der für die heutige Gesetzgebung entwickeltsten Form, der Réhabilitation de droit, vor.

C. Ein ganz anderes Bild bietet sich uns in deutschen Landen. Es mag vorweggenommen werden, daß heute weder im Deutschen Reich noch in Österreich die Rehabilitation im bürgerlichen Strafrecht bekannt ist,[1]) daß hingegen die Kantone auch der deutschen Schweiz dieses Institut kennen. Und es ist dieser Zustand im Deutschen Reich um so auffallender, als den deutschen Partikularrechten — teils in ihren Strafrechtskodifikationen, teils in Spezialgesetzen — das Institut der Wiedereinsetzung recht wohl bekannt war. Unbekannt ist uns geblieben, warum das norddeutsche Strafgesetzbuch, warum das Reichsstrafgesetzbuch keine Notiz davon genommen. Es mag hier der gleiche Grund maßgebend gewesen sein, der seinerzeit in Österreich, in Solothurn und Glarus dazu führte, die Rehabilitation nicht zu berücksichtigen: Man glaubte diese mit Einführung der zeitlich beschränkten Ehrenstrafen entbehren zu können.[2])

Das erste **deutsche** Gesetz, welches uns von einer Art Rehabilitierung Kunde gibt, ist die Constitutio Criminalis Theresiana, welche unterscheidet zwischen der Erteilung des Gnaden- oder Ehrenbriefes, der die Fähigkeit zur Innehabung von Ämtern, Würden usw. wiederverleiht, soweit dies darin „wortdeutlich" mitgeteilt ist und der „gemeinen

---

[1]) Dem Militärstrafrecht ist sie in beiden Ländern bekannt.

[2]) Vgl. darüber: Regierungsvorlage. Entwurf eines neuen Strafgesetzes über Verbrechen, Vergehen und Übertretungen. Wien, 1874 (221 der Beilagen zu den stenogr. Protokollen des Abgeordnetenhauses. — VIII. Session). Motivenbericht (Allgemeine Bemerkungen). VI. Ehrenfolge S. 36; Schiller a. a. O. S. 8.

Ehrlichmachung", welche bei bestimmten Verbrechen durch das Gericht „nach verlittener Straffzeit" erteilt werden muß. „Die hauptsächliche Wirkung dieser gemeinen Ehrlichmachung bestehet in deme, daß der gestraffte Thäter ohne all — mindesten Vorwurf des abgebüßt — und gereinigten Verbrechens in gemeinen Umgang, Handel, und Wandel unbeirret zu geduldem, und seine ehrliche Nahrung zu suchen berechtiget seyn soll." (§ 11.) „Außer dieser Wirkung erstrecket sich die gemeine Ehrlichmachung nicht weiter. Derjenige, so aus einer ehrlosen That abgestraffet worden, bleibt auch nach überstandener Straffe unfähig, in die oben § 7[1]) angeführte besondere Rechten, deren er sich verlustig gemacht, wieder einzutretten, oder dergleichen wieder zu erlangen. Ingleichen ist derselbe in Zeugenschaften nicht gleich anderen je- und allzeit wohlverhalten-gewesen Unterthanen für ganz untadelhaft zu achten, sondern dem vernünftigen Ermessen des Richters wird allerdings anheimgestellt, in wie weit beschaffenen Sachen nach seiner Aussag Glauben beygemessen werden könne? Die Fähigmachung zu obbemeldt-vorzüglichen Rechten, dann zur untadelhaften Kundschaftgebung, somit die vollkommene Herstellung in vorigen Ehrenstand bleibet forthin Unserer höchster Gewalt vorbehalten, und kann ohne Unser-besonderen Gnadenbrief nicht wieder erworben werden."

Also nur eine partielle richterliche Wiedereinsetzung, die allerdings auf dem Gnadenwege vervollständigt werden kann! Der Ehrenbrief ist Ausfluß des Gnadenrechts. Die gemeine Ehrlichmachung nähert sich in Voraussetzung und Wirkung (sehr entfernt) der Rehabilitation. Die Strafe muß „überstanden" sein. Eine moralische Besserung ist nicht verlangt, soziale Besserung gar nicht feststellbar. Der Ehrenschein muß nach Ablauf der Strafzeit erteilt werden.

Liegt in diesem Institut möglicherweise die Basis für die Entwickelung der Rehabilitation in Deutschland, ist

---

[1]) Vgl. Materialien S. 331.

darin ein erneuter Beweis gegeben für die nahe Verwandtschaft zwischen Gnade und Rehabilitation, ein Beweis auch für das so vielfach feststellbare Bestreben der Milderung der Straffolgen durch zeitliche Begrenzung — der Täter wird als von dem Ehrenmakel gereinigt fingiert —, so liegt doch eine Rehabilitation im heute gebräuchlichen Sinn des Wortes nicht vor, trotz der Mitwirkung des Gerichtes bei Ausstellung des Ehrenscheines.

Betrachten wir dagegen die Gesetzgebung des 19. Jahrhunderts etwas näher,[1]) so läßt sich feststellen, daß in Deutschland sowohl die Rehabilitation auf dem Wege der Gnade als durch gerichtliches Erkenntnis bekannt war. Letztere mehr, als man es bisher wohl gedacht. —

Die Wirkung der Begnadigung als solcher ist eine sehr verschiedene, was aus den folgenden Bestimmungen ohne weiteres ersichtlich.

„Mit der Begnadigung ist stets eo ipso Rehabilitation verbunden.“[2])

„Die ohne Beschränkung zugestandene Begnadigung tilgt die sämtlichen Folgen der erkannten Strafe.“[3])

„Wird dem zu peinlicher Strafe Verurteilten im Wege der Begnadigung die Strafe erlassen, so gelten deren Folgen nur insofern ebenfalls für aufgehoben, als dies hierbei ausdrücklich bestimmt wird.

Im Wege der Begnadigung können dieselben auch nach gänzlicher oder teilweiser Vollziehung der Strafe wieder aufgehoben werden.“[4])

---

[1]) Auszuscheiden sind hier solche deutsche Gesetze, wie z. B. das rheinische Strafverfahren, welche die französ. Rehabilitationsbestimmungen kopierten. Vgl. Mat. S. 55ff.

[2]) Schweiz. Militärstrafgesetzentwurf 1878 Art. 58 Abs. 3 (Mat. S. 429).

[3]) Braunschweig: Kriminalgesetzbuch 1840 § 68 Abs. 2 (Mat. S. 48); Lippe-Detmold: Kriminalgesetzbuch 1843 § 68 Abs. 2 (I. Buch Tit. VIII), (Mat. S. 51). Vgl. ähnlich: Sachsen-Meiningen, Ges. v. 2. Mai 1846 Art. 5 Satz 2 (für spezielle Fälle), (Mat. S. 61).

[4]) So: Baden, St.G.B. 1845 § 24 (Mat. S. 45). Ähnlich mit Bezug auf den ersten Absatz: Schwarzburg-Sondershausen, Kriminal-

„Die Wiederherstellung politischer und bürgerlicher Rechte, welche infolge einer Verurteilung verloren gegangen sind, kann im Wege der einfachen Begnadigung nicht erfolgen.“[1])

Können also mannigfach Strafe und Straffolgen im Wege reiner Gnade aufgehoben werden, so ist auch schon darauf hingewiesen worden, daß die Begnadigung unmittelbar in verlorene Ämter und Würden einsetzen kann. Nach allgemeiner Ansicht jedoch nicht ipso jure, sondern infolge ausdrücklicher Bestimmung. Soll die Wirkung von selbst eintreten, so müßte sie besonders gesetzlich normiert sein. Ein solcher Fall lag vor in der Bestimmung des preußischen Gesetzes, betreffend Abänderungen der kirchenpolitischen Gesetze (vom 31. Mai 1882) Art. 2 Abs. 1: „Hat der König einen Bischof, gegen welchen auf Grund der §§ 24 ff. des Gesetzes vom 12. Mai 1873 durch gerichtliches Urteil auf Entlassung aus seinem Amte erkannt ist, begnadigt, so gilt derselbe wieder als staatlich anerkannter Bischof seiner Diözese.“

Nicht alle deutschen Staaten, die die Rehabilitation[2]) kennen, haben diese unmittelbar bei Regelung des Begnadigungsrechtes mit inbegriffen. Doch verschiedene sind allerdings bei der Auffassung der Rehabilitation als Ausfluß des souveränen Gnadenrechtes stehen geblieben: so Bayern in seinem Gesetz vom 10. Juli 1861, die Aufhebung der Straffolgen betreffend, Preußen in verschiedenen noch zu betrachtenden Gesetzen, Sachsen-Altenburg.

Mag nun die Rehabilitation Ausfluß des Gnadenrechts

---

gesetzbuch 1845 Art. 9 Abs. 3 (Mat. S. 63) mit einer Einschränkung und Sachsen-Weimar, Ges. v. 1850 Art. 7 a. E. (Mat. S. 62). Vgl. auch den österr. St.G.Entw. 1867 § 91 (Mat. S. 386).

[1]) So: Braunschweig, St.P.O. 1849 Art. 188 (Mat. S. 48). Inhaltlich gleich: Aargau, Peinl.St.G. 1857 § 54, St.G.B. 1892 § 140 (Mat. S. 375/376) und nach Schiller a. a. O. S. 19: Luzern, Nidwalden, Baselstadt, Baselland, Schaffhausen, Appenzell A. Rh., St. Gallen und Tessin (dazu Mat. S. 410). Ebenso der französ. Conseil d'Etat (Entscheid v. 8. I. 1828), (vgl. Schiller ebenda).

[2]) Vgl. die Ausführungen S. 61 und S. 11 Anm. 2.

sein, mag sie gerichtlich verliehen werden, ihre Wirkung wird zumeist die oben schon hervorgehobene sein: die „gemeinen“ Ehrenrechte werden dem Rehabilitierten unmittelbar wieder erworben; besonderen Ehrenrechten gegenüber erhält er dagegen lediglich die Fähigkeit zu deren Erwerb. Manchmal mag allerdings die Natur eines Ehrenrechtes als besonderes oder gemeines zweifelhaft sein. Und dies tritt uns z. B. in den Verhandlungen des Preußischen vereinigten ständischen Ausschusses bezüglich der Standschaft klar und deutlich entgegen. —

Die bürgerlichen Ehrenrechte wurden nach **preußischem** Rechte ursprünglich lebenslänglich aberkannt, sehr oft aber vom Könige im Gnadenwege wieder verliehen. So entspann sich denn im Jahre 1848 lebhafte Diskussion im ständischen Ausschuß, ob Aberkennung (Suspension) der Ehrenrechte auf Zeit eingeführt oder die Aberkennung der besonderen Ehrenrechte für immer in Verbindung gebracht werden solle mit der Möglichkeit einer Wiedererlangung derselben im Wege der Gnade (Rehabilitation). Einen weiteren Vorschlag machte Fürst Wilhelm Radziwill, der zeitweiser Entziehung der Ehrenrechte zustimmte, diese aber nicht auf bestimmte Dauer vorausbestimmt wissen wollte. Mit Recht vertrat er die Ansicht, die der Motivenbericht zum österreichischen Strafgesetzentwurf 1874 wiederholt, daß der Richter nicht fähig sei, die notwendige Dauer der Aberkennung der Ehrenrechte im voraus festzusetzen. Die Rehabilitation solle daher in der Weise vor sich gehen, daß ein Genossenschaftsgericht Möglichkeit und Zeitpunkt der Wiedereinsetzung bestimme, den unter allen Umständen benötigten Vorschlag mache, die Ausführung aber in Händen des Königs bleibe.[1]) Diese Proposition, die einen sehr fortschrittlichen Gedanken enthielt, wurde nicht angenommen. Es blieb bei der zeitlichen Aberkennung der Ehrenrechte. Genossenschaftsgerichtliche Rehabilitationen, nach Art der vom Fürsten Radziwill postulierten, treten uns aber später

[1]) Vgl. Bleich (Titel siehe Mat. S. 51 Anm. **), S. 493ff., 497.

noch vielfach entgegen. Es sei z. B. hingewiesen auf das Gesetz von **Reufs j. L.**,[1]) das den Innungen das Recht gibt — allerdings ganz selbständig — den ausgeschlossenen Innungsmitgliedern nach Verlauf von 10 Jahren gesetzlicher Führung das Recht wieder zu verleihen, an den Innungsversammlungen teilzunehmen. Und noch mehr erinnern an den Radziwill'schen Vorschlag die Rehabilitationsvorschriften der (Anlage zur) **deutschen** Heerordnung, in denen verlangt wird, daß die Kameraden des „betreffenden" Kontrollbezirks die Rehabilitierung des in die zweite Klasse des Soldatenstandes versetzten Soldaten „befürworten". Die Rehabilitierung selbst erfolgt dann durch S. M. den Kaiser und König.[2])

Die preußischen Gesetze über die persönliche Fähigkeit zur Ausübung der Standschaft (vom 8. Mai 1837) und über die Entziehung und Suspension ständischer Rechte wegen bescholtenen oder angefochtenen Rufes (vom 23. Juli 1847) fallen also in jene Zeit, da die Ehrenfolgen in Preußen noch lebenslängliche waren. Mit dem Ehrenrechtsverlust geht die Standschaft unter und kann nur wieder erworben werden durch „ausdrückliche, vom Könige Allerhöchstselbst ausgesprochene Wiedereinsetzung." Dasselbe gilt bei bestimmten militärgerichtlichen Verurteilungen.[3]) Von Interesse ist besonders, daß „der bloße Erlaß oder die Verwandlung erkannter Strafen, oder die Wiederverleihung der aberkannten Nationalkokarde (und damit der gemeinen bürgerl. Ehre. D. V.) die Wirkungen der Unfähigkeit nicht aufhebt". Dies dürfte den Schluß erlauben, daß die Standschaft als ein „besonderes" Ehrenrecht anzusehen war.

Ist jedoch jemand seiner ständischen Rechte verlustig

---

[1]) Vgl. Materialien S. 57.

[2]) Vgl. Mat. S. 65ff., spez. Art. 1 (Mat. S. 65) Art. 8 (Mat. S. 67). Analog: die Vorschriften **Bayerns** (Materialien S. 70ff.); im Prinzip übereinstimmend: **Oesterreich-Ungarn** (Standesgericht; vgl. Mat. S. 346). Vgl. auch die Preufs. Städteordnung (Mat. S. 85).

[3]) Vgl. Materialien S. 52.

gegangen, indem er „im gesetzlichen Wege vom Bürger- oder Gemeinderechte wegen ehrenrührigen Verhaltens ausgeschlossen wurde" oder ihm „seitens seiner Standesgenossen das Anerkenntnis unverletzter Ehrenhaftigkeit versagt wird", so geschieht die „Wiederzulassung zur Ausübung ständischer Rechte" allerdings auch im Wege der Gnade durch den König, aber „auf den Antrag einer ständischen Versammlung, zu welcher der Angeschuldigte gehört hat, oder seinen Verhältnissen nach gehören könnte". „Ein solcher Antrag darf nicht vor Ablauf von 5 Jahren und in den Fällen des § 2 No. 2[1]) nicht vor Wiedererlangung des verlorenen Gemeinde- oder Bürgerrechts gemacht werden."

Für uns steht die Frage, wie diese Bestimmungen mit der Einführung der zeitlich beschränkten Ehrenstrafe zu vereinen waren, nicht zur Diskussion. —

Ein Allerhöchster Erlaß vom 30. Dezember 1852 zeigt uns jedoch, daß auch nach Inkrafttreten des preußischen Strafgesetzbuchs von 1851 die Rehabilitation dem Gnadenrechte des Königs unterlag. Die No. 3 des Erlasses[2]) gibt uns eine Übergangsvorschrift mit Bezug auf die Erledigung etwaiger durch frühere Verurteilungen entstandener Rehabilitationsfälle. Dabei ist darauf zu achten, ob nach dem neuen Gesetz Ehrenstrafe und damit Rehabilitation in Frage kommt und diese durch den Minister zu befürworten, erst nachdem der Zeitraum abgelaufen, der für die Ehrenstrafe wahrscheinlich würde festgesetzt worden sein. —

Die Aufhebung der Straffolgen im Wege der Gnade ist im weitesten Umfang auch dem **bayerischen** Rechte bekannt.[3]) Handelt es sich also auch nicht um Rehabilitation im technischen Sinn, — was schon aus einer in der Kammer

---

1) Vgl. Materialien S. 52.

2) Vgl. Materialien S. 54.

3) Vgl. Gesetz vom 10. Juli 1861, die Aufhebung der Straffolgen betreffend; Königl. Allerh. Verordnung, den Vollzug des Gesetzes vom 10. Juli 1861, die Aufhebung der Straffolgen betreffend (Materialien S. 46ff.).

geäußerten Ansicht des Berichterstatters hervorgeht, die es für selbstverständlich erklärt, daß die Rehabilitation nicht erst nach Erstehung der Strafe, sondern schon früher, auch vor Antritt der Strafe, bewilligt werden könne[1]) —, so ist doch die Wirkung der „Aufhebung" mit Bezug auf gemeine und besondere Ehrenrechte ungefähr die gleiche wie die allgemein bei der Rehabilitation feststellbare. „Von dem Tage der Eröffnung des königlichen Begnadigungsreskripts an tritt der Verurteilte in alle durch die Verurteilung verlorenen Rechte wieder ein, soweit nicht das Reskript eine Beschränkung verfügt. — Mit diesem Wiedereintritt ist jedoch ein Rechtsanspruch auf Wiedererlangung der infolge des Strafurteils verlorenen Ämter, Dienste, Würden und Auszeichnungen und der von solchen abhängenden oder aus dem früheren Besitze derselben herrührenden Rechte, ferner auf Wiedererlangung konfiszierter oder zur Unterdrückung oder Vernichtung bestimmter Gegenstände oder eingezogener Gewerbs- und ähnlicher besonderer Rechte, endlich auf Wiedererlangung des Adels und der davon abhängenden Rechte nicht verbunden."

Die Gesuche sind dem Könige oder dem Oberstaatsanwalt resp. dem Generalstaatsprokurator des Appellationsgerichts einzureichen, in dessen Bezirk der Verurteilte seinen Wohnsitz hat. Nach von den letzteren gepflogenen Erhebungen ist das Gesuch einem appellationsgerichtlichen Senat (Oberlandesgericht) von fünf Mitgliedern vorzulegen, der darüber ein Gutachten abzugeben hat, das dem Justizminister vorzulegen ist. Die Entscheidung liegt beim Könige. Die Genehmigung des Gesuchs ist dem Verurteilten, dem Appellationsgerichte und der betreffenden Regierung mitzuteilen. Ein abgewiesenes Gesuch kann erst nach Ablauf von drei Jahren, von dem Tage der Abweisung an, erneuert werden.[2])

---

[1]) Vgl. Rifs, „Die Aufhebung von Straffolgen im Gnadenwege nach bayerischem Rechte" in Seufferts Blätter für Rechtsanwendung, Jahrg. 1904, S. 535.

[2]) Näheres siehe bei Rifs a. a. O. Über den Umfang der Geltung

Diese Bestimmungen gelten auch für die Rehabilitationsgesuche militärgerichtlich Verurteilter, die erst nach erstandener Strafe und vollzogener Entlassung aus dem Heere gestellt werden. —

Endlich verweist noch auf die Gnade zwecks Wiedereinsetzung in den früheren Zustand: das Kriminalgesetzbuch von **Sachsen-Altenburg** von 1841 (Art. 9). Der Entwurf dieses Artikels führte als Modus der Wiedereinsetzung nur die landesherrliche Begnadigung an. Erst im Landtage wurde hiergegen ins Feld geführt, daß das Grundgesetz in seinem § 87 bestimme, daß das Staatsbürgerrecht, „was den Verlust durch Verurteilung und Militärausstoßung betreffe nur in dem einzigen Falle einer späteren Unschuldausführung wieder hergestellt werden könne".[1])

Ein entsprechender Hinweis wurde demgemäß auch in Art. 9 des Gesetzes aufgenommen. „Die Entscheidung steht — auch bei der Unschuldausführung. D. V. — auf gutachtlichen Bericht des Justizkollegiums dem Herzog zu." (§ 87 d. Grundges.)

Das Gesetz von **Sachsen-Meiningen** vom 2. Mai 1846[2]) verweist in seinem ersten Artikel einfach auf das Kriminalgesetzbuch: „In Hinsicht auf den Verlust des Staatsbürgerrechts als Folge der rechtskräftigen Verurteilung zu einer Zuchthausstrafe, sowie auf die Wiedererlangung desselben durch gerichtliches Erkenntnis, durch Rehabilitation oder Begnadigung, bewendet es bei den diesfälligen Vorschriften in Art. 9 des Strafgesetzbuchs." Dieser Art. 9 aber bestimmt, daß alle als notwendige Folge der Zuchthausstrafe verlorenen Rechte — außer dem Staatsbürgerrechte noch mannigfache andere, deren Verlust im Erkenntnis ausdrücklich auszusprechen ist — „durch eine spätere Aus-

---

dieser bayerischen Bestimmungen nach Einführung des R.St.G.B. vgl. ebda. (spez. S. 540ff.).

[1]) Vgl. Materialien S. 58.

[2]) Gesetz vom 2. Mai 1846 über Verlust und Suspension des Staatsbürgerrechts wegen krimineller Verbrechen (vgl. Mat. S. 60).

führung der Unschuld (Rehabilitation), sowie durch eine ausdrücklich dahin gerichtete landesherrliche Begnadigung" .... wiederhergestellt werden können.[1])

Was bedeutet nun in den angezogenen Gesetzen „Ausführung der Unschuld? — Wir haben die Möglichkeit der Aufhebung der Ehrenfolgen auf dreifache Art: durch gerichtliches Erkenntnis, Ausführung der Unschuld und Begnadigung. Bezüglich des ersten Modus bestimmt das Kriminalgesetzbuch von Sachsen-Meiningen in seinem Art. 9 Abs. 3: „Es kann jedoch dem Verurteilten bei dem Vorhandensein solcher Umstände oder Motive des Verbrechens, wodurch die Annahme eines verdorbenen Willens beseitigt wird, in dem Straferkenntnis nach Verschiedenheit des Falles entweder die Belassung des Staatsbürgerrechts, sowie erblicher politischer Ehrenrechte vorbehalten oder doch ausgesprochen werden, daß er diese Rechte nach Ablauf einer im Urteil auszudrückenden Frist durch gerichtliches Erkenntnis wieder erlangen kann, wenn er sich während dieser Zeit keiner neuen Übertretung eines Strafgesetzes schuldig macht."

In diesem Absatz 3 ist die Rehabilitation im eigentlichen Sinne normiert. Sie richtet sich gegen dauernd ausgesprochene Ehrenfolgen. Unschuldausführung und Begnadigung können aber sowohl lebenslängliche als zeitige Strafen tangieren, wie sich aus der Verbindung des Art. 5 Abs. 1 des Gesetzes vom 2. Mai 1846 mit Art. 2—4 des gleichen Gesetzes ergibt.[2]) Ist also die Unschuldaus-

---

[1]) Vgl. das Grundgesetz für die vereinigte landschaftliche Verfassung des Herzogtums Sachsen-Meiningen, vom 23. August 1829 § 14 Abs. 2: „Es (scil. das Staatsbürgerrecht) geht verloren durch Auswanderung und durch die rechtskräftige Verurteilung zu einer entehrenden peinlichen Strafe und ist der Verlust im Erkenntnisse ausdrücklich auszusprechen; es kann aber durch spätere Ausführung der Unschuld (Rehabilitation) wieder hergestellt werden."

[2]) Vgl. Materialien S. 61. — Aus den uns vorliegenden Gesetzesstellen von Sachsen-Altenburg (vgl. Mat. S. 58) läfst sich der gleiche Schlufs nicht mit Sicherheit ziehen.

führung etwa als eine Unterart des Gnadenrechts aufzufassen, welche sich vielleicht in bezug auf Verfahren und Wirkungen von der Begnadigung unterscheidet? ‚Es wäre ja eigentümlich, wenn auch nicht unmöglich, wenn darin etwa eine durch den Herrscher erfolgende Wiedereinsetzung gesehen werden müßte, welche eintritt, nachdem im Wiederaufnahmeverfahren oder auf andere Weise die Unschuld erwiesen worden ist.[1]) Sollte aber in solchem Falle die Entscheidung in die Hand des Landesherrn gelegt werden?[2])

Eine definitive Entscheidung müssen wir uns für spätere Arbeiten vorbehalten. Dann scheint uns dieser Begriff der Unschuldausführung der Tatsache gegenüber zurückzutreten, daß in Sachsen-Meiningen eine Rehabilitation[3]) durch gerichtliches Erkenntnis möglich war. Und es zeigen uns gerade die kleinen deutschen Staaten, im Gegensatz zu den größeren — Württemberg ausgenommen —, eine in dieser Hinsicht viel fortschrittlichere Gesetzgebung.

Dies beweisen z. B. die Gesetze von **Sachsen-Weimar-Eisenach,**[4]) **Schwarzburg-Rudolstadt,**[5]) **Coburg und Gotha.**[6]) Offenbar folgten die beiden letzten Staaten dem Vorbilde des ersteren. Das Gesetz von Schwarzburg-Rudolstadt stimmt mit dem Weimarschen voll überein, dasjenige von Coburg-Gotha weist nur unbedeutende Abweichungen auf.

---

[1]) Portugal bezeichnet die Wiederaufhebung des Strafurteils auf Grund der im Wege des Revisionsverfahrens erwiesenen Unschuld des Verurteilten als Rehabilitation (vgl. Mat. S. 354).

[2]) So ausdrücklich im Grundgesetz von Sachsen-Altenburg § 87 (Mat. S. 58).

[3]) Vgl. oben S. 11, Anm. 2.

[4]) Gesetz vom 27. April 1850 über die Entziehung staatsbürgerlicher Rechte wegen begangener Verbrechen (Mat. S. 62).

[5]) Gesetz vom 1. Mai 1850 über den Verlust staatsbürgerlicher Rechte (Mat. S. 62).

[6]) Gesetz über den Verlust der staatsbürgerlichen und Ehrenrechte wegen Verbrechen vom 21. September 1857 (Mat. S. 49/50).

Interessant ist, daß in Sachsen-Weimar die Entziehung der staatsbürgerlichen Rechte auf unbestimmte Zeit als Voraussetzung der Rehabilitation durch das Geschworenengericht erscheint, während in Coburg die Ehrenrechte dauernd aberkannt sein müssen. Die Rehabilitation kann in all diesen Fällen 10 Jahre nach beendigter Strafe eintreten, falls der Verurteilte Beweise über seinen zeitherigen Lebenswandel vorbringt. Wird das Gesuch abgewiesen, so darf es vor Ablauf weiterer 10 Jahre — eine viel zu lange Frist. D. V. — nicht wiederholt werden. Die Kosten fallen dem Antragsteller zur Last. Die landesherrliche Begnadigung läuft der Rehabilitation parallel.

Interessant ist die Bestimmung, die uns mit ganz ähnlichem Inhalt die Gesetze von Sachsen-Meiningen, Coburg-Gotha und Sachsen-Weimar-Eisenach geben. So sagt Art. 10 Satz 1 des Meiningschen Gesetzes vom 2. Mai 1846: „Wird jemand vor erreichter Großjährigkeit und erlangtem Staatsbürgerrecht zu einer Strafe verurteilt, welche, wäre er großjährig und im Genusse des Staatsbürgerrechts, den gänzlichen oder zeitlichen Verlust des letzteren zur Folge haben würde, so erwirbt der Verurteilte das Staatsbürgerrecht erst nach Ablauf desjenigen von beendigter Strafverbüßung an zu berechnenden Zeitraumes, welcher bei Großjährigen, die das Staatsbürgerrecht durch Verurteilung zu Kriminalstrafen verloren haben, für die Wiedererlangung desselben bestimmt sind.“ Es stimmen damit im Prinzip überein die entsprechenden Vorschriften der Gesetze der drei anderen genannten Länder. — Hier liegt jedoch keine Rehabilitation im technischen Sinne vor, sondern lediglich die Festsetzung einer bestimmten Dauer für den Verlust eines bestimmten Ehrenrechts. Die Normierung mag ihren guten Grund und Zweck haben.

Bayern hat noch sehr spät (1861) die gnadenweise „Rehabilitation“ eingeführt, trotzdem sich Stimmen für Einführung der gerichtlichen Wiedereinsetzung in die Ehrenrechte erhoben hatten. Schon viel früher haben dagegen die weiter oben genannten deutschen Staaten, welche die

Rehabilitation gesetzlich regelten, die gerichtliche Wiedereinsetzung aufgenommen: in den Jahren 1844—1857. Allen voran ging jedoch **Baden** mit seinen Strafgesetzentwürfen seit 1836, obschon es das Institut seinem Strafrechte schließlich gar nicht einverleibte. Grund der Einführung der Rehabilitation[1]) war zumeist — dies zeigen uns z. B. Württemberg und Baden — die Aufgabe der lebenslänglichen Dauer der Ehrenstrafen. Hier sollte die Rehabilitation helfend eingreifen. Der unabhängige Richter soll die Entscheidung in die Hand bekommen.

So bestimmt der badische Strafgesetzentwurf 1836, daß der Richter nach Ablauf von 5 Jahren, vom Tage der erstandenen Strafe an, durch gerichtliches Erkenntnis den Verurteilten rehabilitieren darf, „wenn sich der Verurteilte in dieser Zeit keiner neuen von den Gesetzen mit Gefängnis oder einer anderen höheren bürgerlichen oder peinlichen Strafe bedrohten Übertretung schuldig gemacht hat."

Später (1839) trat die gleiche Wirkung ein, unter der Voraussetzung, daß bestimmte Strafminderungsgründe gegeben seien.[2]) Der Entwurf 1840 endlich und sein Nachfolger schränken das Anwendungsgebiet der Bestimmung noch mehr ein, indem sie festsetzen, daß der Verurteilte sich in der Prüfungszeit „nicht einer neuen, auf Eigennutz oder sonstiger schändlicher Gesinnung beruhenden Übertretung schuldig gemacht haben darf". Das Strafgesetzbuch 1845 nahm diese Normen gar nicht auf.

Die Strafprozeßordnung von **Braunschweig** (1849, 1858) zeigt uns dagegen eine Rehabilitation, die in vielfacher Beziehung an die französische Gesetzgebung erinnert. So die Frist von 5 Jahren zwischen vollendetem Strafvollzug resp. Begnadigung und der Möglichkeit der Rehabilitation. So die verlangten Zeugnisse der Gemeindebehörden des Wohn- und Aufenthaltsortes des Bittstellers,

---

[1]) Vgl. oben S. 11, Anm. 2.

[2]) Vgl. Materialien S. 42.

der Landespolizeibehörden des Kreises über das sittliche Verhalten des Verurteilten. — Das Gesuch ist beim Oberstaatsanwalt einzureichen, der es erst nach Ermächtigung durch den Justizminister mit gutachtlichem Bericht an das Obergericht weiterbestellt, welches entscheidet. „Wird der Bittsteller abschlägig beschieden, so kann ein gleichartiges Gesuch erst nach Ablauf einer abermaligen fünfjährigen Frist, von Behändigung der Entscheidung an gerechnet, eingebracht werden.“

Eigentümlich berührt das freie Ermessen, welches dem Justizminister über die Verfolgung der Rehabilitation oder deren Abweisung zunächst eingeräumt wird. Es darf meist wohl als verwerflich bezeichnet werden, da dem Gericht dadurch eine sekundäre Stellung zugewiesen wird und für viele Fälle diskretionäres Ermessen an die Stelle gerichtlicher Entscheidung tritt. —

Endlich ist noch auf **Württemberg**[1]) hinzuweisen, das die Wiedereinsetzung nach 4 (Entwurf: 5) Jahren guter Führung seit Erstehung der Freiheitsstrafe, resp. falls die Ehrenstrafe Hauptstrafe ist: seit Rechtskraft des Erkenntnisses, im Falle der Entziehung infolge von Verurteilung zu Festungsstrafe zuläßt. Der Verurteilte darf sich keines „im Strafgesetzbuche oder im Polizeistrafgesetzbuche verpönten, vorsätzlichen, nicht bloß mit Bezirksgefängnis oder Geldbuße zu ahndenden Vergehens“ während der Bewährungsfrist schuldig gemacht haben.

„Trat der Verlust infolge der Arbeits- oder Zuchthausstrafe ein, so ist bei ersterer der Ablauf von sieben, bei letzterer von zehn Jahren erforderlich.“[2]) [3])

---

[1]) Gesetz vom 13. August 1849 über die Abänderung einiger Bestimmungen des Strafgesetzbuchs und der Strafprozeſsordnung.

[2]) Im Entwurfe waren für alle diese Fälle 10 Jahre festgesetzt.

[3]) Die Kgl. sächsische „Verordnung, die Wiedereinsetzung innenbemerkter Personen in den Genuſs der bürgerlichen Ehrenrechte betreffend, vom 12. Dezember 1870“ (vgl. Gesetz- und Verordnungsblatt für das Königreich Sachsen vom Jahre 1870, 1. bis 27. Stück, Dresden, gedruckt und zu haben

— Ebenso wie die bürgerlichen Ehrenrechte können aber auch gewerbliche Rechte ursprünglich lebenslänglich entzogen werden. Später gilt dies nur noch für solche, welche ein besonderes Vertrauen des Publikums voraussetzen. Auch gegen deren Aberkennung ist Rehabilitation möglich.[4])

D. Wenn wir uns nun ein Bild von dem Zustande machen wollen, der heute in Deutschland herrscht, so kann zunächst nur betont werden, daß das deutsche R.St.G.B. eine Rehabilitation nicht kennt. Anderseits kann zum Zwecke der Beleuchtung der hieraus sich ergebenden Nachteile ein besseres Bild kaum entrollt werden, als es einige in unseren Händen befindliche Zuschriften geben. Wir verweisen diesbezüglich auf einen in den „Mitteilungen" Bd. I, S. 129 veröffentlichten Brief und geben einen zweiten mit Zustimmung des Adressaten, Herrn Geheimen Justizrat Professor Dr. v. Liszt, mit unwesentlichen Kürzungen wieder. Eine nähere Erörterung der Notwendigkeit der Einführung der Rehabilitation und der kriminalpolitischen Tragweite, des Nutzens dieser Einführung erübrigt hiernach. Der Brief lautet:

„Berlin, 16. November 1903.

Hochgeehrter Herr Professor!

Wenn der Staat für begangene Vergehen und Verbrechen über den Täter Strafe verhängt, so dünkt mich dies gerechtfertigt, aber nicht gerechtfertigt, sondern unbarmherzig und grausam finde ich, daß mit der verbüßten Strafe die Tat nicht nur nicht gesühnt, sondern der Betroffene dieselbe durch sein ganzes Leben mitschleppen muß, daß bei jeder passenden oder unpassenden Gelegen-

---

in der Kgl. Hofbuchdruckerei von C. C. Meinhold u. Söhne, No. 147) enthält keine Rehabilitationsvorschriften. Vielmehr sollen nur frühere Verurteilungen in Einklang gebracht werden mit den auf Grund des neuen R.St.G.B. ergehenden. In der Verordnung könnte eine Amnestie auf gesetzlichem Wege gesehen werden.

[4]) Vgl. Gewerbeordnung (Mat. S. 85). Bezüglich des schweizer. Rechtes vgl. Schiller a. a. O. S. 77f. u. S. 90.

heit diese ihm nicht nur von Behörden, sondern auch von jeder x-beliebigen Person unter gesetzlichem Schutz an den Kopf geworfen werden kann, und so fort und fort eine moralische Hinrichtung vollzogen wird, für die es ein Recht nicht geben dürfte.

Zum Erweise dieses wollen Sie mir, hochgeehrter Herr, gestatten, etwas von meiner Leidensgeschichte in Kürze mitzuteilen. Vorweg möchte ich schicken, daß ich in behaglichen, sorgenfreien Verhältnissen lebe, mich der Achtung und Wertschätzung meiner Mitbürger erfreue, die mich erst jetzt, trotzdem ich ängstlich vermeide, irgendwie in die Öffentlichkeit zu treten, mit dem Amt eines Wahlmannes betraut haben.

Doch zur Sache: Am 5. Mai d. J. waren es 45 Jahre, sage und schreibe fünfundvierzig Jahre, daß ich durch ein Provinzschwurgericht wegen wissentlichen Gebrauchs zweier falscher Wechsel zu einer vierjährigen Freiheitsstrafe verurteilt wurde. Ob ich schuldig oder unschuldig, hat jetzt keine Bedeutung mehr, nur bemerken möchte ich, ich war damals ein ganz junger Mensch von kaum 19 Jahren und im Geschäft meiner Eltern beschäftigt. Die beiden Wechsel im Gesamtbetrage von ungefähr 250 Talern, waren, da sie nach erhobenem Protest eingelöst waren, in Original gar nicht vorhanden, nur durch die Notariatsakten aus dem Protestregister konnte deren Existenz überhaupt festgestellt werden. Dies der kurze Tatbestand, wofür ich obige Strafe erhielt.

Die Geschworenen scheinen sich der Schwere ihres Wahrspruches wahrscheinlich nicht bewußt gewesen zu sein, denn betroffen von dem Urteil, reichten dieselben für mich ein Gnadengesuch ein, ohne daß ich davon etwas wußte, und infolgedessen wurde ich nach kaum $1/4$ der verbüßten Strafzeit nicht nur in Freiheit gesetzt, sondern auch die aberkannten Ehrenrechte wurden mir sofort zurückgegeben. Wäre damit die Sache zu Ende und für mich nur eine traurige Erinnerung, so müßte man sich damit abfinden, allein meine Leidenszeit, wenn auch in anderer Weise, begann erst jetzt. Nach meiner Entlassung in die Provinzialstadt zurückkehren konnte und wollte ich nicht, ich ging nach Berlin und es gelang mir auch bald, hier eine auskömmliche Stellung zu erhalten.

Nach ungefähr Jahresfrist wurde ich plötzlich zur Polizei bestellt und mir hier mitgeteilt, als Bestrafter sei mir der Aufenthalt in Berlin verboten, ich habe deshalb innerhalb drei Tagen Berlin zu verlassen. Ich wandte mich an hochangesehene Männer, welche mein unverdientes, trauriges Geschick kannten und die persönlich bei dem damaligen Polizei-Präsidenten intervenierten, so daß die Ausweisung zurückgenommen und ich in meiner Stellung verbleiben konnte. Nicht lange darauf erhalte ich eine neue Aufforderung zur Polizei, und was muß ich hören: Ich war neben der Freiheitsstrafe noch zu einer Geldstrafe eventl. entsprechender Freiheitsstrafe verurteilt, in der, mich in Freiheit setzenden Königl. Kabinettsorder war mir nur die Freiheitsstrafe erlassen, durch irgend ein Versehen war jedenfalls die Geldstrafe vergessen worden hinzuzufügen, die Polizei erhielt deshalb den Auftrag, die Geldstrafe von mir einzuziehen eventl. mich zu verhaften. Es gelang mir auch hier Aufschub zu erlangen, ein neues Gnadengesuch einzureichen, worauf sofortige Niederschlagung erfolgte.

Es dürfte ferner ungefähr 30 Jahre her sein, ich geriet mit einem andern Kaufmann in einen Zivilprozeß, in welchem mir ein Eid auferlegt werden sollte, mein Gegner wendete ein, mir könne ein Eid nicht anvertraut werden, ich sei so und so bestraft. Empört darüber, strengte ich gegen denselben die Beleidigungsklage an; was mußte ich von dem Richter hören, mein Gegner hat mich nicht beleidigt, da die Tatsache wahr ist und er nur zur Verteidigung seiner Rechte davon Gebrauch gemacht hat, zur Schande hatte ich nicht nur den Spott, sondern auch große Geldkosten und zwar von Rechts wegen.

Weiter, vor ungefähr 20 Jahren war ich in einem Meineidsprozeß Hauptbelastungszeuge, der Verteidiger des Angeklagten zog sofort mit dem schweren Geschütz meiner Bestrafung gegen mich los, und wie ich daraufhin von dem Vorsitzenden behandelt wurde, spottet jeder Beschreibung, eine schwere, lange Nervenkrankheit war die Folge davon, auch von Rechts wegen. Weiter, vor ungefähr 15 Jahren ertappte ich einen ungefähr 12 Jahre alten Jungen beim Diebstahl in meinem Geschäft, ich gab demselben ein paar Ohrfeigen und ließ ihn laufen. Die Eltern dieses diebischen Jungen zeigten mich bei der Polizei wegen Mißhandlung an und unglaublich, aber wahr, es wurde gegen mich eine Anklage wegen Mißhandlung erhoben. Bei der öffentlichen Verhandlung wurde ich von dem Vorsitzenden wie folgt angeredet: Sind Sie der und der, der im Jahr 185— so und so bestraft wurde. Hätte der Blitz zu meinen Füßen eingeschlagen, ich wäre wahrscheinlich nicht so erschrocken und entsetzt gewesen, wie durch diese Anrede, dann wurde ich noch in einem Tone, ich höre ihn trotz der langen Jahre immer noch, belehrt, daß mir kein Züchtigungsrecht zusteht, ich müßte deshalb 15 Mk. Strafe zahlen, ich hätte gern soviel Hundert gezahlt, wäre mir diese Anrede erspart geblieben, aber es geschah ja auch von Rechts wegen.

So könnte ich fortfahren, wie mir, der ich durch ein tadelloses Leben, durch unermüdlichen Fleiß und Tätigkeit mich emporgearbeitet habe, von Zeit zu Zeit bei der nichtigsten Veranlassung von Rechts wegen vorgehalten wurde, daß ich einmal bestraft worden bin. Nur noch zwei Begebenheiten, die mir erst vor wenigen Wochen zugestoßen und an die, beinahe vor einem halben Jahrhundert erfolgte Bestrafung anknüpfen, möchte ich erwähnen, wenn man dergleichen nicht selbst erlebt, würde man es nun und nimmer glauben.

Vor drei Jahren zog ich mich vom Geschäft zurück, ich überließ dasselbe einem Manne aus guter Familie, dem ich deshalb großes Vertrauen schenkte, aber bitter getäuscht wurde. Ich mußte zur Erlangung der ihm überlassenen Kapitalien gerichtliche Hilfe in Anspruch nehmen, hier machte er, unter Berufung einer bei ihm als Buchhalterin beschäftigten Person Gegenansprüche geltend, die durchaus unberechtigt sind. Ich war in der Lage die Unglaubwürdigkeit dieser Zeugin, mit welcher der Angeklagte ein ehebrecherisches Verhältnis unterhielt, nachzuweisen, da ließ mir derselbe durch meinen Anwalt sagen, wenn ich ihn und seine Zeugin bloßstellte, würde er zur Sprache bringen, ich sei bestraft. Ich hatte ja genau erfahren, daß dasselbe straflos geschehen kann, von Rechts wegen, ich verlor lieber eine größere Summe, ehe ich mich vor mir persönlich bekannten Handelsrichtern schänden ließ.

Mit diesem Vorfall parallel lief folgender:

Von guten Freunden war ich angegangen worden, meine Aufnahme in eine Loge zu beantragen, ich sträubte mich dagegen, ohne den wahren Grund dafür angeben zu können. Mittellosigkeit konnte ich auch nicht vorschützen, so daß ich schließlich mehr gezwungen als freiwillig darauf eingehen mußte. Ich ließ alle Prozeduren, welche solche Aufnahme erfordert, über mich ergehen, und da auch die Ballotage zu meinen Gunsten ausfiel, erhielt ich die Nachricht, ich sei in die Loge aufgenommen und an einem bestimmten Tage solle meine Einführung erfolgen.

Am Vormittag dieses Tages erhalte ich von dem Präsidenten der Loge die expresse Nachricht, es würde ihm mitgeteilt, ich sei früher einmal bestraft worden, ich möchte deshalb lieber von meiner Einführung abstehen.

Woher in diesen letzten Fällen den betreffenden Personen die Kenntnis gekommen, ist mir unbekannt, und bin auch nicht in der Lage dies zu erforschen.

Hier, hochgeehrter Herr Professor, haben Sie die Erfahrungen eines Mannes, der in seinem ganzen Leben nichts anderes gekannt und gewollt hat, als durch Rechtschaffenheit, Fleiß und Redlichkeit sich und seinen Mitbürgern zu genügen, und der, weil er in seiner frühesten Jugend unschuldig in eine böse Affaire verwickelt wurde, sein ganzes Leben, bis auf den heutigen Tag Spießruten laufen mußte. Ich glaube nun nicht, daß ich der einzige bin, dem es so geht, ich bin überzeugt, daß ich viele, unendlich viele Leidensgefährten habe. Ist das Gerechtigkeit?

Ich glaube, es ist das Gegenteil davon, es ist eine Tortur ohne Ende. Hat der Staat wirklich das Recht, einen Menschen dazu zu verurteilen?

Hätte ich einen Mord begangen, hätte ich gestohlen, betrogen, gefälscht und weiß Gott, was alles und mich der Bestrafung durch die Flucht entzogen, alle diese Straftaten wären nach einer gewissen Zeit verjährt, eine Bestrafung unmöglich gewesen, nur eine erlittene Strafe verjährt niemals, sie ist eine Galeerenkette, angeschmiedet an den Betroffenen für das ganze Leben.

Sollte nicht für eine humanere Behandlung Bestrafter, die durch ihr ganzes Tun und Wirken zeigen, daß sie mit Verbrechern nichts gemein haben, zu wirken möglich sein? Wäre nicht eine gesetzliche Bestimmung möglich, daß nach einer Reihe von Jahren, die erlittene Strafe ebenso verjährt, wie der Grund der Bestrafung selbst? und dann aus allen gerichtlichen und polizeilichen Registern die Bestrafung gelöscht werden muß.

Nicht jedem ist, wie, Gott sei Dank, mir der moralische Mut und die Kraft gegeben, über alle die Widerwärtigkeiten und moralischen Strangulationen doch Herr zu werden, wie viele werden wohl durch solche Behandlung aus redlicher Tätigkeit herausgerissen und erst zu Verbrechern gemacht, nicht die Strafanstalt allein züchtet Verbrecher, die Behandlung, welcher Bestrafte ausgesetzt sind, nicht minder.

N. N.“

Und endlich liegt uns ein weiterer Brief vor, aus dem ersichtlich ist, daß eine Verurteilung wegen schriftlicher (brieflicher) Beleidigung zu 100 Mk. Geldstrafe nach 8, 13, 18 Jahren in den von dem Verurteilten verlangten Leumundszeugnissen immer wieder verzeichnet ist. Das um Auslassung des Bestrafungsvermerkes eingereichte Bittgesuch wurde nach Verfluß von 18 Jahren seit der Verurteilung abschlägig beschieden, trotzdem der s. Zt. Verurteilte seit

50 Jahren an dem gleichen Orte wohnt und seit 20 Jahren selbständiger Großkaufmann ist.

Diese Briefe dürften deutlich genug sprechen. Erläuterungen sind wohl überflüssig, vielmehr lassen sich ohne weiteres folgende Konsequenzen ziehen:[1])

1. Die Rehabilitation sollte auch in die deutsche bürgerliche Reichs-Strafgesetzgebung Eingang finden. Ihre Regelung wird am besten zum Teil im Strafgesetzbuch, soweit Begriff und Voraussetzungen der Rehabilitation in Betracht kommen, zum Teil in der Strafprozeßordnung vorgenommen, soweit sie das Verfahren betrifft. Es ist daher zu empfehlen, bei den Vorarbeiten zur Revision dieser Gesetze das Augenmerk auch auf dieses Institut zu richten. Empfehlen wir Einführung der Wiedereinsetzung in den früheren Zustand, so bezieht sich unser Vorschlag natürlich nur auf die Réhabilitation judiciaire resp. die Réhabilitation de droit. Man wende gegen solche Proposition nicht ein, daß durch deren Erfüllung in das Gnadenrecht der Krone eingegriffen werde, daß auch die Wiedereinsetzung in die Ehrenrechte der Krone allein vorbehalten bleiben müsse. Denn zunächst war und ist die Tragweite der Begnadigung vielfach unbestimmt;[2]) weiterhin wird man nicht behaupten wollen, daß jedes Wiedereinsetzungsgesuch von der Krone selbst wird entschieden werden. Nur formell begnadigt der König, während tatsächlich die Entscheidung beim Justizminister oder bei anderen Staatsorganen ruht. Die Gründe, warum die Einführung der Rehabilitation auf dem Gnadenwege zu bekämpfen wäre, ergeben sich aus unseren weiter oben gemachten Ausführungen. Nie aber ist die Réhabilitation gracieuse imstande, den Makel der Verurteilung selbst zu löschen. — Die näheren Erörterungen, ob gerichtliche Rehabilitation, ob Rehabilitation durch bloßen Zeitablauf in

---

[1]) Detaillierte Vorschläge zu machen erachten wir umsoweniger als Aufgabe dieses Berichtes, als dies den Arbeiten der deutschen Landesgruppe vorbehalten bleiben mufs.

[2]) Vgl. oben S. 31/32.

Deutschland eingeführt werden solle, müssen den Verhandlungen der deutschen Landesgruppe vorbehalten bleiben.

2. „Gerichtlichen und anderen öffentlichen deutschen Behörden ist auf jedes, eine bestimmte Person betreffende Ersuchen über den Inhalt der Register (sc. Strafregister) kostenfrei Auskunft zu geben."[1])

Es dürfte sich empfehlen, Rehabilitation und Strafregister soweit miteinander in Verbindung zu bringen, als die Rehabilitation in den Registern vermerkt werden sollte. Auch dürfte sich fragen, ob es nicht zweckmäßig wäre, bei solchen Ersuchen um Registerauszüge, die zu einem ganz bestimmten Zweck gestellt sind, nur jene Verurteilungen anzugeben, die im Hinblick auf den Zweck zu kennen notwendig ist.[2])

Es sei hier auch daran erinnert, daß der 27. deutsche Juristentag einen Antrag Löffler annahm, dahin lautend:

„Die Strafe der Jugendlichen soll aus den Strafregistern gelöscht werden, wenn sie während einer Zeit, welche der Verjährungsfrist entspricht und mindestens 2, höchstens 10 Jahre beträgt, sich tadellos verhalten haben. Damit soll nicht ausgeschlossen sein, daß ähnliche Maßregeln auch für Erwachsene ergriffen werden."[3])

U. E. wäre vielleicht die Maßregel mutatis mutandis auf Erwachsene ausdehnbar und auszudehnen.

3. § 242 St.P.O. bestimmt in seinen Absätzen 1 u. 2: „Die Hauptverhandlung beginnt mit dem Aufrufe der

---

[1]) Verordnung, betreffend die Einrichtung von Strafregistern und die wechselseitige Mitteilung der Strafurteile vom 16. Juni 1882. Abgeändert durch Bundesratsbeschlufs vom 9. Juli 1896. § 17. Vgl. Marchand S. 50 (Titel, Mat. S. IX, XVIII).

[2]) Analog im franz. Recht. Gesetz: 1899 Art. 5 (Mat. S. 156); 1900 Art. 5 (Mat. S. 194/95).

[3]) Vgl. Verhandlungen des 27. deutschen Juristentages. Bd. IV. Abteilung 2. S. 394.

Eine Spezialbestimmung bezüglich der „Rehabilitation" der Jugendlichen findet sich in sehr weitgehendem Umfang in Art. 3 des norweg. Gesetzes vom 6. Aug. 1897 „sur la réhabilitation" (vgl. Mat. p. 327.).

Zeugen und Sachverständigen. — Hieran schließt sich die Vernehmung des Angeklagten über seine persönlichen Verhältnisse . . . . ."

Auf Grund des Abs. 2 darf der Richter jeden Angeklagten auch nach seinen Vorbestrafungen fragen. Das gleiche Recht steht ihm aber allgemeiner Ansicht nach auch gegenüber den Zeugen auf Grund des § 67 Satz 2 St.P.O. zu: „Erforderlichen Falls sind dem Zeugen Fragen über solche Umstände, welche seine Glaubwürdigkeit in der vorliegenden Sache betreffen, insbesondere über seine Beziehungen zu dem Beschuldigten oder dem Verletzten, vorzulegen."

Es dürfte nun keinen wichtigen Bedenken unterliegen, wenn der Richter die Vorstrafen des Angeklagten feststellt. Um so mehr, als nach Einführung der Rehabilitation diejenigen Strafen, gegenüber welchen er rehabilitiert worden, wohl nicht mehr berücksichtigt werden könnten.[1]) Den gewichtigsten Bedenken begegnet aber die Frage nach den Vorstrafen gegenüber den Zeugen, eine Frage, die geeignet ist, unter Umständen die ganze Existenz, die soziale Stellung eines Menschen zu ruinieren. Selbst solchenfalls, daß ein Zeuge nach Einführung der Rehabilitation in Deutschland solche Vorstrafen, für die er rehabilitiert worden, nicht zu nennen brauchte, daß er unter Umständen sich als „nicht vorbestraft" bezeichnen dürfte, selbst dann würde der Zustand nicht vollkommen sein. Zur Erlangung der Rehabilitation ist Erstehung einer Prüfungszeit erforderlich, während welcher sich der zu Rehabilitierende gut aufzuführen hat. Soll dem Zeugen, der sich in solcher Lage befindet, die Erfüllung der Bedingung von Rechts wegen erschwert werden, ja zumeist wohl unmöglich gemacht werden, indem er öffentlich nach seinen Vorstrafen gefragt wird? U. E. müßte dies ausdrücklich untersagt sein, so lange der Verurteilte sich so führt, daß Hoffnung auf seine Rehabili-

---

[1]) Es müfste demgemäfs durch die Rehabilitation die Verurteilung gelöscht werden. So wohl auch der Antrag Löffler.

tierung besteht. Es dürfte auch kaum zweckmäßig sein, dem französischen Rechte analog zunächst eine Frist zu bestimmen, während welcher er seine Vorverurteilung kundgeben müßte. Vielmehr dürfte es den Anforderungen der Rechtsprechung genügen, wenn das Strafregister dem Gericht regelmäßig zugänglich gemacht würde und dieses auf Grund der daselbst gemachten Eintragungen seine Schlüsse ziehen, allenfalls aber den Zeugen in solcher Form fragen würde, daß seine Vorstrafen nicht öffentlich bekannt werden könnten.

Sind die Zeitungsberichte der Wahrheit entsprechend, so ist in dem bekannten Plötzensee-Prozeß einem Zeugen die Antwort auf die Frage nach seinen weit zurückliegenden Vorstrafen erlassen worden, nachdem der Staatsanwalt darauf hingewiesen, daß diese aus dem dem Gericht alsbald zuzustellenden Strafregister festgestellt werden könnten.

4. „Die Führungsatteste bestehen (nämlich) nicht, ..., darin, daß die Behörde ein Urteil über den moralischen Wert des Nachsuchenden ausspricht, sondern sie beschränken sich darauf, daß die Polizeibehörde diejenigen zu ihrer Kenntnis gelangten Tatsachen bekundet, welche auf das Urteil über den moralischen Wert der Personen Einfluß haben müssen.

Aus diesem Grunde würde das Polizeipräsidium seiner Schuldigkeit nicht nachgekommen sein, wenn es den Umstand, daß Sie wegen unerlaubten Kreditierens an einen Minderjährigen zur Untersuchung gezogen und bestraft worden, nicht angeführt hätte.“ [1])

Daraus ist klar ersichtlich, daß auch in die Führungsatteste die Verurteilungen des Petenten eingetragen werden müssen.[2]) Was das für den Ersuchenden für schädliche Folgen haben kann, ist gar nicht abzusehen. Auch dadurch kann ein Besserungswilliger, ja, ein Gebesserter, geradezu auf den Weg des Verbrechens zurückgetrieben werden.

---

[1]) Ministerialblatt für die gesamte innere Verwaltung in den Kgl. Preußischen Staaten. 3. Jahrg. 1842. S. 203.

[2]) Ausdrücklich betont in der Verfügung vom 24. Juni 1859. Vgl. M. Bl. S. 179.

Eine Abschwächung findet der Grundsatz der Eintragung früherer Bestrafungen in die Führungsatteste durch die Verfügung vom 24. Juni 1859, welche u. a. betont: „Es liegt (vielmehr) in der Natur der Sache, daß je nach der Beschaffenheit des Vergehens, wegen dessen eine frühere Bestrafung stattgefunden hat, je nach der Dauer des seitdem verflossenen Zeitraumes und je nach dem Zwecke, welcher der Nachsuchung des polizeilichen Führungsattestes zum Grunde liegt, dem billigen Ermessen der Behörde ein Spielraum geöffnet bleiben muß, dessen Grenzen sich durch bestimmte Instruktionen und Weisungen nicht wohl ziehen lassen." Deshalb bestimmt der Minister, „daß eine Strafe, welche so gering ist, wie die von der N. und wahrscheinlich durch eine Übereilung veranlaßte Strafe,[1]) nicht notwendig in das erbetene Führungsattest aufgenommen werden muß, falls seitdem ein Zeitraum von mehr als 10 Jahren verflossen ist."

Es ist also zunächst auf die Beschaffenheit des Vergehens und den Zweck, zu dem das Führungsattest verlangt wird, sowie auf die verflossene Zeit zu achten. Es dürfte sich aber empfehlen, Führungsatteste, die für Private bestimmt sind, anders zu behandeln, als solche, die für Behörden verlangt werden[2]) und diesbezüglich eine verschiedene Behandlung durchzuführen, wie sie in Frankreich bezüglich der Bulletins No. 2 u. 3 vorgenommen wurde. Auch müßte auf zweckentsprechende Relation zwischen Strafregister und Führungsattest Rücksicht genommen werden.

5. Dürfte es sich empfehlen, internationale Vereinbarungen zu erstreben, zur Regelung der folgenden Punkte:

---

[1]) Es handelt sich hier um eine 14 Jahre zurückliegende Verurteilung zu 4 Wochen Gefängnis wegen leichter wörtlicher Beleidigung eines Gendarmen. Diese Bestrafung wurde in dem behufs Ermöglichung der Verheiratung der N. verlangten polizeilichen Führungsattest vermerkt.

[2]) Ein Ansatz hierzu findet sich in der Berücksichtigung des Zwecks des Ersuchens durch die Verfügung vom 24. Juni 1859. Vgl. daselbst auch den vorletzten Absatz.

a) Rehabilitation gegen ausländische Urteile sollte im Inlande möglich sein. Durch diese würde die Löschung der Verurteilung im ausländischen Strafregister bewirkt.

b) Vorausgesetzt ist natürlich eine einheitliche internationale Regelung der Strafregister selbst.

c) Es dürfte bei internationalen Vereinbarungen, die Rehabilitation betreffend, gleichgültig sein, ob die vielfach vorgeschriebene Residenzpflicht im In- oder Auslande absolviert wird.

2.

Meine Damen und Herren![1])

Haben wir uns gestern mit dem Problem einer Neufundierung der Maßnahmen gegenüber den Schlimmsten unter den Verbrechern beschäftigt, so bildet das nun zu erörternde Thema gleichsam einen harmonischen Ausgleich, weist es doch auf eine der Lichtseiten der Strafgerichtsbarkeit hin, auf die Reintegrierung des Verurteilten nach bewiesener Besserung.

Ich hatte die Ehre, Ihnen in meinem schriftlichen Bericht ein Bild der Entwickelung zu geben, welche das Institut der Rehabilitation in Frankreich durchgemacht, in kurzen Zügen hinzuweisen auf jene Gesetze, welche in Deutschland der Wiedereinsetzung Verurteilter in ihre verlorenen Rechte zu dienen bestimmt gewesen waren. Mein Bestreben war, möglichst scharf hervorzuheben, daß der natürliche **Entwickelungsgang** unseres Institutes, von der Gnade ausgehend, über die Réhabilitation gracieuse und judiciaire zu der Réhabilitation de droit führt, wie uns dies gerade Frankreich in deutlichster Weise zeigt.

Hat Frankreich hinsichtlich der Ausbildung der Rehabilitation stets in erster Reihe gestanden, besitzen die allermeisten übrigen europäischen und viele außereuropäischen Staaten gesetzliche Bestimmungen über die Wiedereinsetzung Verurteilter, so muß es auffallen, daß das Deutsche Reich, daß Österreich keinerlei diesbezügliche Norm ihrer bürgerlichen Strafgesetzgebung einverleibt haben. Denn man

---

[1]) Der obige Vortrag in ursprünglicher Fassung ist in französischer Sprache zum Teil abgedruckt in der Schweizerischen Zeitschrift für Strafrecht, Bd. XVIII.

kann, ohne fehlzugehen, die Behauptung aufstellen, dafs die Rehabilitation ein notwendiger Bestandteil jeder modernen Strafgesetzgebung und jedes modernen Strafensystems sein muß. Aus diesem Grunde erlaubte ich mir, deren Aufnahme in das künftige, in Vorbereitung stehende Reichsstrafgesetzbuch zu empfehlen.[1])

Die Empfehlung der Aufnahme eines neuen Rechtsinstituts in die Gesetzgebung eines Landes verlangt Berücksichtigung mehrerer Punkte. Ganz abgesehen von einer genaueren Feststellung der Tragweite und des Nutzens der neuen Einrichtung in kriminalpolitischer Hinsicht — der Nutzen ist mit Bezug auf die Rehabilitation so klar, daß ich darauf gar nicht eingehen will — in allererster Linie **die Berücksichtigung der zur Zeit herrschenden Entwickelungstendenz der Gesetzgebung im allgemeinen im Wege der Rechtsvergleichung.**

Dies ist die Aufgabe meines Referates, das in zweiter Linie eine kurze Skizze jener Momente geben soll, die wegen ihrer Besonderheit oder als Produkt der modernsten Entwickelung des Rehabilitationsinstitutes spezieller Hervorhebung bedürfen. — Ich darf wohl voraussetzen, daß der von mir eingereichte schriftliche Bericht, der die allgemeinen Grundzüge darlegte, den Herren bekannt geworden ist.[2]) Ich gehe heute mehr auf die Details ein und verweise schließlich auf meine Thesen, die Bericht und Referat in ihren Ergebnissen zusammenfassen.

Das Frankreich der Revolutionszeit zeigt uns zuerst (1791) die Rehabilitation auf breiter Basis, und diese wurde später sowohl vom kaiserlichen, wie auch vom königlichen und republikanischen Frankreich in dem Code von 1808 und dessen Novellen weiter entwickelt und in jenen Ländern eingebürgert, die von Frankreich abhängig waren. — So

[1]) Vgl. oben S. 49.

[2]) Vgl. oben S. 7ff.

stimmt das helvetische peinliche Gesetzbuch in seinen Rehabilitationsbestimmungen mit dem Code pénal 1791 überein, so hatte in Italien, Luxemburg und Belgien der Code 1808 Geltung, so zeigt die Rehabilitation des Code d'instruction criminelle von Haiti von 1835 größte Ähnlichkeit mit jener des französischen Code 1808.[1])

Aber auch Länder, die Frankreich in keiner Weise unterworfen waren, haben dessen Gesetzgebung im weitesten Umfang zum Muster genommen. So sei nur hingewiesen auf das belgische Gesetz von 1896, das dem französichen von 1885 nachgebildet ist; so sei die Gesetzgebung Bulgariens hervorgehoben, das in den Rehabilitationsnormen seines Strafgesetzes von 1896 das eben genannte französische Gesetz sozusagen kopiert. Endlich seien noch der Code Ottoman d'instruction criminelle besonders hervorgehoben, der die französischen Gesetze von 1808 und ganz besonders von 1852 zum Vorbild genommen und die Procedura penale des Königreichs beider Sizilien von 1819, die sich an den Code 1808 anlehnt.

Es könnten aber noch gar viele Länder genannt werden, deren Rehabilitationsbestimmungen jenen Frankreichs nachgebildet sind, und ich glaube, nicht zu viel zu sagen, wenn ich von einem mittelbaren oder unmittelbaren Einfluß Frankreichs auf die gesamte europäische Rehabilitationsgesetzgebung spreche, wie denn selbst außerhalb Europas die gleiche Wirkung z. B. im japanischen Rechte sich zeigt.

Von der Einflußsphäre des französischen Rechts müssen wir aber zwei Rechtsgebiete ausschließen: Spanien und England und die mit diesen in Verbindung stehenden außereuropäischen Länder des spanisch-südamerikanischen und des nordamerikanischen Rechts. — Spanien und die spanisch-südamerikanischen Staaten zeigen eine im wesentlichen selbständige Ausbildung der Rehabilitation, auf die wir im weiteren Verlaufe unserer Darlegungen oft, wenn

[1]) Bezüglich der angeführten Gesetze vgl. allgemein: Delaquis-Polec, Materialien zur Lehre von der Rehabilitation. Berlin, Guttentag, 1905.

auch in sekundärer Linie, zurückkommen werden. — England und das nordamerikanische Recht besitzen keinerlei Normen über Rehabilitation, ein Umstand, der wohl mit den dortigen Systemen der Ehrenstrafen in Verbindung steht.

Soweit aber eine Normierung der Rehabilitation überhaupt besteht, finden wir durch die Rechtsvergleichung den von uns für Frankreich festgestellten Entwickelungsgang bestätigt.[1])

Die Rehabilitation, die zumeist als Réhabilitation gracieuse eingeführt und eingebürgert wird, geht bald in die Form der Réhabilitation judiciaire über, der sich mannigfach die Réhabilitation de droit als höchstentwickelte Form zur Seite stellt. Ich verweise diesbezüglich auf Italien unter Einbeziehung des neuesten Gesetzentwurfes Lucchini von 1903; ich verweise auf die Gesetze von Belgien und von Monaco, auf die norwegische Gesetzgebung, auf San Salvador und auf den schweizerischen Kanton Uri.

Daneben finden sich dann allerdings zahlreiche Staaten, die über die Réhabilitation gracieuse bisher noch nicht hinausgekommen sind. Ich nenne Bolivia, Costa-Rica, wohl auch Chile. Ich nenne weiterhin mit Vorbehalt die Normen des deutschen Partikularrechts unter Hinweis auf meinen schriftlichen Bericht;[2]) sodann Haiti, Japan, Mexiko, Schweden, Aargau, Appenzell I. Rh., Basel Land und Stadt, St. Gallen, Glarus, Schaffhausen, Thurgau, Wallis, die Türkei. Endlich hebe ich hinsichtlich der Spezialgesetzgebung hervor: das deutsche, bayerische, österreichische, russische, italienische, schweizerische und auch das französische Militärrecht. Auffallend ist, daß Luzern 1854 in seinem Gesetze über die Militärorganisation schon die gerichtliche Rehabilitation kennt.

Mehrfach setzt die Gesetzgebung einzelner Staaten gleich von vornherein mit der Réhabilitation judiciaire ein, so hauptsächlich in der Schweiz. Selten zeigt sich

---

1) Vgl. oben S. 7ff., spez. S. 12ff.

2) Vgl. oben S. 29ff.

ein Zurückkehren von nach unserem Erachten entwickelteren Formen, wie der Réhabilitation judiciaire oder de droit, zu weniger entwickelten, wie der Réhabilitation gracieuse. Ich konnte diese Rückwärtsentwickelung mit Sicherheit nur für Spanien feststellen, dessen Strafgesetz 1822 Réhabilitation judiciaire, dessen Strafgesetz 1870 nebst allen folgenden Entwürfen nur noch Réhabilitation gracieuse kennt.

Weiterhin kann in einzelnen Ländern ein Parallelismus zwischen gerichtlicher Wiedereinsetzung [1]) und Begnadigung [2]) in ein und demselben Gesetz festgestellt werden. Ich kann z. B. hinweisen auf die Gesetzgebung aus dem Ende der 40er und Anfang der 50er Jahre des letzten Jahrhunderts von Sachsen-Meiningen, Sachsen-Weimar, Schwarzburg-Rudolstadt; ich kann auch noch hervorheben den Código de instruccion criminal von San Salvador.

Was die Réhabilitation de droit anlangt, so zeigen sie in reiner Ausbildung nur Frankreich, Dänemark und der Strafgesetzentwurf Lucchini 1903. Die letzteren in einheitlicher, und hauptsächlich Italien in umfassenderer Weise als das französische Recht; sowohl Dänemark als Italien unabhängig von Eintragung der Verurteilung im Strafregister und deren Löschung im Bulletin No. 3, wie dies die französische Gesetzgebung verlangt, und wie es Ihnen der Bericht des Herrn Untersuchungsrichters Le Poittevin in klarster Weise auseinandergesetzt; [3]) — beide Länder außerdem die Réhabilitation de droit beschränkend auf Erstverurteilte. — In den Bestimmungen, die Norwegen sowohl in seinem Gesetz von 1883, als in jenem von 1897 und in seinem neuen Strafgesetzbuche von 1902, § 75 Abs. 2, trifft, habe ich früher eine Art Réhabilitation de droit, gesehen. Sie verlangen jedoch einen besonderen Rehabilitationsakt: den formellen Antrag des Verurteilten

---

[1]) Vgl. oben S. 11 Anm. 2.

[2]) Die Grenze zwischen reiner Gnade und gnadenweiser Wiedereinsetzung ist eine verschwimmende. Vgl. darüber S. 61.

[3]) Vgl. Mitteilungen der J. K. V., XIII, S. 102ff.

und die Gewährung der Rehabilitation zunächst durch den König und in den späteren Gesetzen durch die Anklagebehörde nach festgestellter moralischer resp. sozialer Besserung. Zur Réhabilitation de droit im eigentlich technischen Sinne genügt jedoch bloßer Zeitablauf. Es enthalten also die obigen Bestimmungen einen der gerichtlichen Rehabilitation sich nähernden Typus, bei dem nur die Entscheidung in Händen eines anderen Organs ruht.

Endlich zeigen Frankreich und Spanien eine gewisse Übereinstimmung in der Regelung der „Réhabilitation“ administrative. Ich verweise beispielsweise auf die „Loi sur les récidivistes“ (27. Mai 1885), Art. 17, die „Loi sur l'exécution de la peine des travaux forcés“ (30. Mai 1854), Art. 12 Abs. 1 u. 4, die „Loi portant abolition de la mort civile“ (31. Mai 1854), Art. 4,[1]) dann den spanischen Código penal 1822, Art. 144. Während Frankreich in obigen Gesetzen nur die Wiedereinsetzung auf dem Wege reiner Gnade kennt, liegt in der spanischen Bestimmung eine ganze oder teilweise Réhabilitation gracieuse, die nach 10jährigem Aufenthalt am Deportationsort möglich wird.[2])

Soviel über die bisherige Entwickelung!

---

[1]) Vgl. auch Art. 18 C. pén.

[2]) Die in der französischen Literatur so oft angezogene „Réhabilitation“ administrative verlangt nach den verschiedensten Richtungen hin noch Klarstellung. Es leuchtet ein, dafs sie zumeist nicht Rehabilitation, sondern reine Gnade ist. So wäre auch Art. 16 Abs. 2 der „Loi ayant pour objet de régler la condition des déportés à la Nouvelle-Calédonie du 28 mars 1878“ den oben zitierten französischen Gesetzen anzureihen. Auf einem Irrtum beruhte die Auslegung von dessen Abs. 1 im Hamburger Vortrag S. 552. Eine lokale, sofort eintretende Réhabilitation de droit für den Deportierten enthält jener Absatz nicht. Da weder Erstehung der Strafe, noch Besserung verlangt ist, gibt er uns keine Rehabilitation, vielmehr behält er lediglich dem Deportierten die bürgerlichen Rechte, die ihm für Frankreich verloren gegangen, für den Deportationsort vor. (So auch Ges. v. 8. Juni 1850 „sur la déportation“.)

Inhaltlich zeigt uns nun **der Begriff „Rehabilitation“** in den verschiedenen Gesetzgebungen ein wesentlich verschiedenes Bild.

Im weitesten Sinne genommen, bezeichnet er eigentlich nur die Wiedereinsetzung in verlorene Rechte ohne Bezugnahme auf irgend welche Form dieser Reintegrierung.

Diesen Inhalt ungefähr weist der Rehabilitationsbegriff jener Gesetze auf, welche schon die Gnade im eigentlichen Sinne als Rehabilitation bezeichnen, sobald die Aufhebung der Ehrenminderungen in ihr einbegriffen ist, ganz absehend davon, ob das Gnadenrecht an irgend welche Bedingungen, wie z. B. Vollzug der Strafe, Besserung des Verurteilten usw., gebunden ist. So z. B. die schweizerischen Militärstrafgesetzentwürfe. — Es muß aber gleich betont werden, daß nur dann mit voller Berechtigung von Réhabilitation gracieuse gesprochen werden kann, wenn die Voraussetzungen über die Reintegrierung nicht lediglich dem freien Ermessen anheimgegeben sind. — Dieses Bild zeigen uns z. B. die Rehabilitierungsvorschriften der deutschen Heerordnung und die französischen Gesetze von 1808 und 1852, sowie die Strafprozeßordnung Japans von 1880, das Strafgesetzbuch von Spanien 1870 und die italienische Gesetzgebung.

Weiterhin haben wir schon im schriftlichen Bericht darauf aufmerksam gemacht,[1]) daß z. B. Portugal, dann aber auch verschiedene südamerikanische Staaten, wie Brasilien und Ecuador, unter „Rehabilitation“ nichts anderes verstehen, als die nach Revision erfolgende Wiedereinsetzung des Verurteilten in seine frühere Stellung. — Dieser Begriff „Rehabilitation“ hat also mit der Rehabilitation im technischen Sinne nicht die geringste materielle Verwandtschaft.

Näher an den nach dem heutigen Strafrecht feststellbaren Rehabilitationsbegriff reicht jenes System, das vor Wiedereinsetzung die Erstehung der Strafe verlangt,

---

[1]) Vgl. oben S. 39 Anm. 1.

von einer vor der Rehabilitation eingetretenen Besserung aber noch absieht, z. B. Norwegen in dem Art. 3 Abs. 2 des Gesetzes von 1897.

Rehabilitation im technischen Sinne enthalten aber erst jene Normierungen, die neben der Erstehung die Besserung verlangen. — Es sei nur auf die schweizerische Gesetzgebung verwiesen.

Wenn wir aber — ich muß wieder auf meinen schriftlichen Bericht verweisen[1]) — als **wesentliche Merkmale** des Rehabilitationsbegriffes Vollzug der Strafe und Besserung des Verurteilten postulierten, so müssen hier verschiedene Einschränkungen und Erläuterungen gemacht werden.

Ich kann im folgenden nur andeuten:

1. Das geltende europäische und außereuropäische Rehabilitationsrecht und ganz besonders die schweizerisch-kantonale Gesetzgebung binden die Wiedereinsetzung an die *Erstehung* der Strafe. — Es darf aber doch nicht vergessen werden, daß oft dieser Erstehung die Begnadigung, dem Vollzug der ursprünglich angesetzten Strafe jener der umgewandelten gleichgestellt wird. Und erfreulicherweise zeigen immer mehr Gesetze eine Gleichstellung der verjährten Strafe mit der erstandenen.

Aber nicht immer sind die Gesetze hinsichtlich der postulierten Erstehung der Strafe — ich beschränke mich auf dieses Moment — ganz klar. Es leuchtet ein, daß diesbezüglich eine wesentliche Verschiedenheit bei Verurteilung zu einer Freiheitsstrafe oder zu Ehrenstrafen besteht.

Sind beiderlei Strafen gegeben oder, wie in seltenen Fällen, eine Freiheitsstrafe allein, so ist stets Erstehung dieser letzteren verlangt. Ist jemand zu einer Ehrenhauptstrafe verurteilt, so ist meist der sonst postulierten

---

[1]) Vgl. oben S. 10/11.

Erstehung die „irrévocabilité du jugement“ gleichgestellt, wie die französische Gesetzgebung sagt.

Dies alles ist für Beginn und Dauer der Bewährungsfrist von größter Wichtigkeit. Während uns aber z. B. Württemberg (1849) ein getreues Bild des Gesagten bietet, scheinen Preußen und Braunschweig zunächst den Ablauf der für die Ehrenstrafe festgesetzten Zeit zu verlangen, wogegen Rußland den Verfluß der Hälfte dieser Zeit verlangt. (St.G.Entw. 1882, 1895.)

Daraus ist auch ersichtlich, daß selbst in den Ländern, in welchen zeitige Ehrenstrafen gegeben sind, bei Verurteilung zu solchen die Wirkung der Rehabilitation nicht stets in einer vorzeitigen Reïntegrierung besteht. — Vorzeitig natürlich im Hinblick auf die mit Ablauf der für die Ehrenminderung bestimmten Zeit von selbst eintretende Herstellung des früheren Zustandes.

Jedenfalls bedarf diese Frage noch einer näheren Prüfung. Man erinnere sich einerseits an das eben über Preußen und Braunschweig gesagte, anderseits stelle man diesen Staaten als Vertreter der unseres Erachtens normalen Ausbildung die zitierten Gesetze Rußlands gegenüber und füge diesen noch die klaren Bestimmungen des schweizerischen Militärstrafgesetzentwurfs 1885, Art. 10, Abs. 3, und besonders der schwyzerischen Kriminalstrafgesetze an: „Ein der Ehren Entsetzter kann .... wieder in seine bürgerlichen Ehren und Rechte eingesetzt werden, wenn seit der Ehrenentsetzung drei Vierteile der diesfalls festgesetzten Dauer .... verflossen sind.“

Ich mache darauf aufmerksam: Diese Gesetze sagen „ein der Ehren Entsetzter!“

Der weitaus überwiegende Teil der heutigen Gesetzgebung bindet die Rehabilitation an die Voraussetzung einer Ehrenminderung, sieht die Wirkung der Wiedereinsetzung in der Reintegrierung der Ehrenstellung des Verurteilten.

Aber nicht alle Gesetze sind auf diesem Punkte stehengeblieben, und gerade die entwickeltsten nicht: Die Legislationen jener Staaten einmal, welche (nicht immer konsequent) die Rehabilitation gegen korrektionelle Strafen zuließen, mit anderen Worten, die Gesetzgebungen, die als Voraussetzung der Rehabilitation die bloße Verurteilung genügen ließen, deren Wirkung in der Aufhebung des Makels der Verurteilung sahen, dann diejenige Dänemarks, welche Rehabilitation — ich brauche den Ausdruck mit Vorbehalt — selbst im Falle des Mangels jeder Verurteilung bei absolutio ab instantia gestattet.

2. Jedermann unterliegt bis zu seiner Bestrafung gleichsam einer praesumtio boni viri. Mit der Verurteilung zugleich ist diese Vermutung als hinfällig erwiesen.

Folgerichtig müßte daher zur Wiederherstellung des früheren Zustandes der Verurteilte positive Beweise seiner *Besserung,* seiner inneren Umwandlung geben. Mit der Erstehung der Strafe allein ist dieser Beweis noch nicht erbracht. — Und tatsächlich findet sich denn dieses Postulat auch in der Gesetzgebung, ja, es muß die Besserung als ein notwendiger Bestandteil des Rehabilitationsbegriffes angesehen werden. Doch auch hierin zeigen die Gesetze eine gewisse Verschiedenheit, indem die einen Zeugnisse verlangen, welche diese Besserung erweisen, somit auf moralische Besserung das Hauptgewicht legen, andere sich mit sozialer Besserung begnügen, es auf die Nichtkollision mit dem Strafgesetz ankommen lassen.

Natürlich sind die speziellen gesetzlichen Normierungen bezüglich des letzten Momentes ebenso verschiedenartig wie die Faktoren, die bei Ausstellung der Zeugnisse und Bestätigung der eingetretenen Besserung mitwirken müssen. — In ersterer Hinsicht seien als Beispiel die verschiedenen untereinander abweichenden badischen Strafgesetzentwürfe genannt, die in meinem Bericht erwähnt sind;[1]) in letzterer sei darauf hingewiesen, daß neben den oft zur Mitwirkung auserkorenen Gemeinderäten, Friedensrichtern, Bürgermeistern usw., Uri und Tessin (Cod. proc. pen. 1816) die

[1]) Vergl. oben S. 41.

Teilnahme der Pfarrer, die Gesetzgebung von Costa-Rica, San Salvador, Spanien und des Kantons Thurgau jene der Direktoren (Aufseher) der Strafanstalten verlangt.

Die Besserung wird festgestellt auf Grund der Führung des Verurteilten während einer bestimmten Probefrist, die von Erstehung der Hauptstrafe oder deren schon früher genannten Äquivalenten an berechnet wird. Eigentümlich berührt dabei z. B. die Bestimmung Neuenburgs, „que le condamné gracié ne peut présenter sa demande que cinq ans après l'époque ou sa peine aurait dû se terminer."

Darauf, daß einzelne Länder während eines Teiles der Probefrist, andere wie Dänemark und Serbien in Spezialfällen während der ganzen Bewährungszeit den Wohnsitz an einem bestimmten Orte oder im Lande selbst verlangen, wollen wir nur hinweisen,[1]) wie auch auf den Umstand, daß für politische Delikte vielfach, für Körperverletzungen unbegreiflicherweise im Rechte Luzerns (1861) eine Kürzung oder ein Mangel der besonderen Probefrist feststellbar ist. Dieser Mangel zeigt sich recht oft und ganz besonders in den Gesetzen des schweizerischen und spanischen Rechts. Es genügt in solchem Falle die im Verlaufe der Strafzeit festgestellte Besserung zur Rehabilitation.

Was die Probefrist selbst anlangt, so zeigt sie eine außerordentliche Mannigfaltigkeit in ihrer Bestimmung. Sie findet sich ebensowohl im Maximum und Minimum, wie als bestimmte Quote ($^1/_2$, $^2/_3$, $^3/_4$) oder als bestimmtes Vielfaches der Hauptstrafe festgesetzt. In anderen Gesetzen wieder ist sie von gleicher Dauer wie die erkannte Strafe; endlich kann sie nach manchen Gesetzen im Einzelfall frei festgesetzt werden, oder es ist diesbezüglich gar nichts bestimmt.

Dann kann sie wieder eine Verlängerung erfahren, wenn die Hauptstrafe verjährt war, ja in einem Gesetze des

1) Vergl. auch die norwegischen Gesetze von 1897 Art. 3 und 1902 § 75 Abs. 2.

Kantons Neuenburg fand sie sogar — unbegreiflicherweise — bei Begnadigung eine Verlängerung.[1])

Von größtem Einfluß auf die Dauer der Probefrist ist der **Rückfall**, wobei zu unterscheiden ist, ob ein Rückfälliger im eigentlichen Sinne Rehabilitation verlangt, oder ob nach erlangter Wiedereinsetzung Rehabilitation gegenüber einer weiteren Verurteilung postuliert wird.

„Rückfällige" werden nie rehabilitiert z. B. nach dem Code d'instruction criminelle 1808 und seinen Nachahmungen in Haiti, Belgien, Italien, nach dem Rechte von Genf, Tessin (Cod. pen. 1816), Wallis. Als Regel gilt die gleiche Bestimmung in Spanien (Ges. v. 30. Aug. und 18. Juni 1870, Ges. von 1884) und in der Türkei. — Die doppelte Probefrist vor der Rehabilitation Rückfälliger verlangen fast alle neueren Gesetze Italiens, die Normen Venezuelas, Belgiens (1896), Monacos, Neuenburgs. — Die dreifache Probezeit verlangte das Königreich beider Sizilien.

Die Rehabilitation eines nach seiner Wiedereinsetzung nochmals Verurteilten schließen aus Monaco (1873), Frankreich (1852), Mexiko (1894) und Belgien (1894).

Nur einmal lassen die Rehabilitation zu Mexiko und San Salvador, dreimal das deutsche Militärrecht.

Nur Erstverurteilten[2]) kommt sie zu nach dem Rechte von Bern, Thurgau, nach dem schweizerischen Militärstrafgesetz und, worauf ich schon aufmerksam machte, auf die Réhabilitation de droit beschränkt, in Italien (Entwurf Lucchini) und Dänemark.

Die **Wirkung der Rehabilitation** beschränkt sich in den allermeisten Staaten auf die Wiedereinsetzung in verlorene

---

[1]) Vergl. Avant-Projet C. proc. pén. 10 avril 1893. Art. 501 Abs. 2, Art. 502.

[2]) Als Erstverurteilung gilt regelmäßig erst eine Verurteilung zu krimineller Strafe.

Ehrenrechte, auf Aufhebung der Ehrenminderungen, und nur wenige Gesetze sind es, die heute schon die Verurteilung selbst aufheben. Zu verweisen wäre noch darauf, daß in der Rehabilitation nach einzelnen Gesetzen die Aufhebung der Polizeiaufsicht inbegriffen ist.

Ist Abweisung der Bitte erfolgt, so bestimmen die allermeisten Gesetzgebungen eine Frist, vor deren Ablauf die Erneuerung des Gesuches nicht gestattet ist. Es zeigt sich hierin eine große Mannigfaltigkeit. In Details will ich nicht eingehen. Es sei nur betont, daß in der modernen Gesetzgebung die Frist von zwei und drei Jahren wohl überwiegt. Gerechtfertigt mag es aber sein, solch' neue Probefrist nicht bei jeder Abweisung des Gesuches zu verlangen, vielmehr jener Regelung zuzustimmen, die Costa-Rica (Art. 942) und Spanien (1822) andeuten, die der Kanton Zürich (1901) aber dahin formuliert: „Wenn das Obergericht das Gesuch wegen Unwürdigkeit des Bittstellers abweist, so kann derselbe nicht vor Verfluß von zwei Jahren ein neues einreichen."

Die Stellen, bei denen das Rehabilitationsgesuch einzureichen ist, sind natürlich je nach der Art der Wiedereinsetzung wie auch innerhalb ein und derselben Art wesentlich verschieden bestimmt. So kann festgestellt werden, daß bei gnadenweiser Rehabilitation die Bitte je nach den Gesetzen z. B. an den König[1]) direkt, an den Oberstaatsanwalt,[1]) Generalstaatsprokurator,[1]) durch eine Oberbehörde an das Justizministerium,[2]) an die Gerichtsschreiberei des Wohnortsbezirksgerichtes (Belgien, Frankreich 1808, Haiti, Italien [Napoleonische Gesetzgebung], Italien 1865), an diejenige des Obergerichts (Königreich Beider Sizilien, Monaco 1873) und in Republiken an den Senat (?), den Regierungsrat, den Großen Rat gerichtet

[1]) Z. B. in Bayern. Verordnung vom 4. Septbr. 1861. Vgl. auch oben S. 86.

[2]) Dänemark (1868).

werden kann.[1]) Und ebenso groß ist die Verschiedenheit bei gerichtlicher Rehabilitation, wo das Gesuch an den Gemeinderat des Wohnortes,[2]) an den Präsidenten des Bezirksgerichts,[3]) an den Oberstaatsanwalt,[4]) den Staatsanwalt resp. die Staatsanwaltschaft[5]) usw. einzureichen ist.

Was sodann die Entscheidung über die Rehabilitation anbelangt, kann als Regel für die gerichtliche Rehabilitation festgestellt werden, daß Gerichte höherer Instanz, daß fast stets die Appellhöfe mit der Beschlußfassung über die Wiedereinsetzung betraut werden. — Es ist also als Ausnahme zu betrachten, wenn einzelne Gesetze in Tessin (C. proc. pen 1816), Serbien, Bolivia (?) (1887, Art. 1 und 8 No. 4) und Norwegen (1883) dem Gerichte erster Instanz die diesbezügliche Entscheidung oder eine Mitwirkung bei dieser überlassen. — Es ist auch eine Singularität, wenn in Sachsen-Weimar das Geschworenengericht, es ist eine Spezialisierung, wenn nach manchen Gesetzen das Wohnortsbezirksgericht,[6]) nach anderen jenes Gericht die Zulassung oder Verwerfung der Bitte in der Hand hat, welches seiner Zeit die Verurteilung ausgesprochen hat.[7])

Die Aufzählung der einzelnen Faktoren, die sonst beim **Rehabilitationsverfahren** mitwirken, muß ich mir versagen. Es ist klar, daß die Staatsanwaltschaft vielfach eine hervorragende Rolle spielt, die Staatsanwaltschaft, die nach den verschiedensten Gesetzgebungen ebenso wie das Gericht

---

[1]) Vgl. eines Teils Bolivia, andern Teils die Schweizer Kantone.

[2]) Code pénal 1791, Helvet. Peinl. Gesetzbuch 1799.

[3]) Ähnlich die Gesetze von: Italien 1903 (Entw. Lucchini), Monaco 1905, Schweiz: Bundesgesetz über die Bundesstrafrechtspflege 1851, Appenzell A. Rh. (1859), Tessin (1895), Zug (1871), Waadt (1901), Zürich (1851, 1874, 1901).

[4]) So: Braunschweig, Frankreich, (Décret 18 avril 1848).

[5]) In Belgien (1896), Norwegen (1897, 1902), Bulgarien, Frankreich (1852).

[6]) Rufsland (Entw. 1882, 1895).

[7]) So: Serbien, Württemberg, Unterwalden nid dem Wald (Verf. 1877), Graubünden, Spanien (1822).

selbst jederzeit weitere Informationen über den zu Rehabilitierenden einziehen kann, als sie ihnen von Gesetzeswegen zugestellt werden müssen.

Manche Gesetze scheinen geradezu in der Vielheit der mitwirkenden Elemente eine Erhöhung der Sicherheit des Verfahrens zu sehen. So Neuenburg 1875, wenn es neben der Anklagekammer, Untersuchungsrichter, Staatsanwaltschaft und verurteilendes Gericht nicht nur zur Teilnahme, sondern auch zu motivierter Berichterstattung ausdrücklich anhält. — Vielfach ist selbst bei der Réhabilitation gracieuse eine Mitwirkung der Gerichte in gewissem Umfang gesichert.[1])

Der eben hervorgehobenen Mannigfaltigkeit steht aber in Bezug auf die im Rehabilitationsverfahren zulässigen Rechtsmittel eine auffallende Kargheit der Gesetzgebung gegenüber. So sei denn auch nicht weiter auf diesen Punkt eingegangen, vielmehr nur hervorgehoben, daß Serbien — soweit mir bekannt, allein — gegen eine unbegründete Verweigerung des von den Friedensgerichten auszustellenden und von den Bezirks- resp. Kreisbehörden zu bestätigenden Zeugnisses die Beschwerde an die Bezirksbehörde, gegen diese an die Kreisbehörde und endlich gegen die Kreisbehörde und den Stadtmagistrat von Belgrad an den Minister des Innern gestattet. — Dagegen sind Normen, wie die Tessins (C. proc. pen. 1816), wenn auch selten, so doch mehrfach feststellbar: „Questo giudicato (die Zulassung oder Abweisung der Rehabilitation) . . . sarà sempre appellabile dal richiedente e dal fisco. Se il tribunale d'appello rigetta la domanda di riabilitazione, questa sentenza è definitiva." —

Daß manche Gesetze die Veröffentlichung des Rehabilitationsgesuches, andere die Publizierung des Wiedereinsetzungsbeschlusses verlangen, hob ich in meinem schriftlichen Bericht hervor.[2]) Es ist dies ein

---

[1]) So z. B. in Schweden (Verf. 1809), Frankreich C. i. cr. 1808 und seine Nachbildungen für Belgien, Haiti, Luxemburg.

[2]) Vgl. oben S. 16 Anm. 1.

Moment, das in sehr vielen Ländern festgestellt werden kann, wobei einzelne wieder die obligatorische, andere die fakultative Veröffentlichung postulieren.

Die modernere Gesetzgebung kommt jedoch von diesem Postulat ab.

Meine Herren! Es mag wohl manchem zweifelhaft erscheinen, ob die Rehabilitation **allgemein** gegen alle Verurteilungen zugelassen werden darf. Ich möchte behaupten, daß die neuere Gesetzgebung allerdings eine dahingehende Tendenz aufweist, daß das Gebiet der Rehabilitation, das ein immer weiteres geworden, wohl ein unbeschränktes werden könnte. Der Ausgleich wird dann in jenen Normen gesucht, die je nach der Straftat eine kürzere oder längere Probefrist postulieren. Denn dahin sind wir noch nicht gelangt, die Bewährungsdauer nach der Gesinnung des Verbrechers abzustufen.

Es darf aber nicht unterlassen werden, darauf hinzuweisen, daß die Gesetzgebung Costa-Ricas, Columbias und Panamas erhöhte Kautelen für die Rehabilitation bei Raub und Diebstahl aufstellt, während der Kanton Freiburg (1868) bei Mord oder Brandstiftung und beim unter speziellen Umständen verübten Raube die Rehabilitation ganz ausschließt.

Auch die Institution der Rehabilitation wird aber, mag sie so oder anders geregelt sein, nur dann ihre volle Wirkung ausüben können, wenn sie nicht auf engherzig nationaler Basis aufgebaut wird.[1]) Es würden sich durch internationale gleichmäßige Normierung hier mancherlei Fortschritte herbeiführen lassen. Zum mindesten dürfte aber jenes Postulat zurückzuweisen sein, welches den Verurteilten zwingt, seine ganze Probefrist im Inlande zu absolvieren. Vielmehr müßte im Anschluß an den Kanton Waadt (1850) und an Japan (Projet C. proc. crim. 1877/78)

---

[1]) Hierüber oben S. 54.

bestimmt werden: „si le condamné a résidé en pays étranger, le certificat sera demandé aux agents consulaires . . . ou aux autorités locales.“[1])

Die Einwirkung der Rehabilitation auf das Strafregister[2]) ist von größter Tragweite, müßte doch nach ihrer Erteilung die Löschung der Verurteilung in diesem erfolgen oder zum mindesten ein vollkommenes Verschwinden des Verbrechens gegenüber der Öffentlichkeit. Soll aber die Rehabilitation nicht erschwert oder gar unmöglich gemacht werden, so muß ähnliches auch für die Führungsatteste[3]) bestimmt werden.

Und endlich müßte man sich noch zu einer Beschränkung des richterlichen Fragerechts[4]) nach den Vorstrafen von Angeklagten und ganz besonders von Zeugen, die vor der Rehabilitation stehen, bequemen. Denn es kann unmöglich zugelassen werden, daß nach der Rehabilitation ein Zeuge, während der Probefrist ein der Besserung Beflissener öffentlich gerade bezüglich jener Verurteilung bloßgestellt wird, die er durch Besserung gesühnt hat oder zu sühnen im Begriff steht. Und würde es den Anforderungen der Rechtspflege wirklich nicht genügen, wenn wir etwa mit Waadt (1901, Art. 572), mutatis mutandis, normieren würden, daß unter allen Umständen das Strafregister der bezeichneten Personen dem Gerichte zu überweisen sei, daß das Gericht aber nur aus diesem seine Schlüsse ziehen dürfe?

Schließlich, meine Damen und Herren, erlauben Sie mir noch wenige Worte mit Rücksicht auf einige im Straf-

---

[1]) Ist nur soziale Besserung postuliert, so kann die Bestimmung des Kantons Waadt von 1901 als Muster gelten: „Si, ... , le condamné a résidé hors du canton, le président s'assure qu'il n'a pas encouru de condamnation dans les lieux où il a résidé.“

[2]) Darüber vgl. auch oben S. 50.

[3]) Vgl. oben S. 52/53.

[4]) Darüber siehe schon oben S. 51.

vollzug einzuführende Maßnahmen gegenüber Verurteilten im Hinblick auf eine spätere Rehabilitation. In der letzten mir bekannten deutschen Schrift über unser Thema, der ersten seit der Mitte des 19. Jahrhunderts, die überhaupt diese Fragen behandelt, in Schillers Arbeit über „die Rehabilitation Verurteilter im schweizerischen Recht", wird ein Vorschlag gemacht, den ich auch in der französischen Literatur schon gefunden: Man möge in den Gefangenenzellen die gesetzlichen Bestimmungen über Rehabilitation anbringen, um so jedem Gefangenen davon Kenntnis zu geben.[1]) Meine Herren! Schaden stiften könnte die Befolgung dieses Wunsches sicher nicht. Dagegen ist festgestellt, daß sehr viele Rehabilitationsgesuche nur deshalb unterblieben sind, weil den Betreffenden die Normen über Rehabilitation unbekannt geblieben.

Worauf ich aber Ihr Interesse hinlenken möchte, das ist die Tatsache, daß Columbia, daß Spanien und Panama dahingehende Bestimmungen schon besitzen.[2]) So verlangt Panama die Anheftung der Rehabilitationsbestimmungen in den Gefängnissen und deren monatliche Vorlesung. Das gleiche postuliert Columbia, betont aber die Notwendigkeit der Vorlesung an die Gefangenen mindestens einmal monatlich. Spanien wieder betont, daß die Rehabilitationsbestimmungen an geeigneten Orten der betreffenden Gefängnisse „a la vista" angebracht werden müssen, außerdem, daß sie monatlich einmal vorzulesen seien bei Strafe von 5—20 duros für den unmittelbaren Vorgesetzten der Strafanstalt, der irgend eine dieser Bestimmungen nicht befolgt. Panama aber fordert noch weiter, daß dem Gefangenen sofort nach seiner Abgabe an die Strafanstalt, vor seiner Einreihung, von dem Direktor die Artikel über Rehabilitation vorgelesen werden.

[1]) Vgl. Schiller, loc. cit. S. 98.

[2]) Ähnlich bestimmt die französ. Circulaire du ministre de l'intérieur vom 17. März 1865, „de faire entrevoir la perspective de la réhabilitation et d'en expliquer les conditions et les avantages aux condamnés, dès leur arrivée en prison et pendant le cours de la peine".

Soviel, meine Herren, für heute. Die Zeit erlaubte mir nicht, allzusehr ins Detail zu gehen. Die Mannigfaltigkeit, die Verschiedenheit der Ausbildung des Rehabilitationsinstitutes im einzelnen ist eine ganz außerordentliche. Ich konnte Ihnen nur ein schwaches Bild davon geben, welches ganz besonders im Hinblick auf die Darstellung der interessanten Einzelheiten des Verfahrens unzulänglich bleiben mußte.

Die französische Gesetzgebung blickt auf eine jahrhundertelange Entwickelung des Rehabilitationsinstitutes zurück. Ihre Fortbildung wird lediglich in einer Ausbildung der gegebenen Prinzipien bestehen. Von einer Umwandlung könnte möglicherweise bezüglich der Réhabilitation de droit die Rede sein.

Die weiteren Staaten, die, wie wir festgestellt, fast alle das Institut kennen, werden dessen Entwickelung in den gewohnten Bahnen suchen.

Die deutsche Gesetzgebung wird aber ganz neues schaffen müssen. — Mögen ihr dabei die Gesetze anderer Länder, mögen ihr die Arbeiten und Verhandlungen im Schoße der I.K.V. gute Dienste leisten!

Für die deutsche Landesgruppe wird die Rehabilitation auf der Tagesordnung bleiben müssen. Fassen wir es als gutes Omen auf, daß ihrer ersten Erörterung auf deutschem Boden die gesamte I.K.V. zur Seite gestanden.

Thesen.

1. **Die Vereinigung empfiehlt die Annahme des Prinzipes der Rehabilitation in die Gesetzgebung jener Länder, denen dies Institut noch unbekannt, weist aber gleichzeitig auf die Notwendigkeit hin, das Anwendungsgebiet der Maſsregel nach den örtlichen Verhältnissen zu bestimmen und dabei auf das Gefühl und den Kulturzustand jedes Volkes Rücksicht zu nehmen.**
2. **Immerhin empfiehlt sie, unter Zurückweisung der gnadenweisen Wiedereinsetzung, in erster Linie die Wiedereinsetzung durch gerichtliche Entscheidung.**[1]
3. Die Rehabilitation ist im Prinzip nach Erstehung der Strafe, Begnadigung, Strafumwandlung oder Verjährung und guter Führung während einer Probefrist zuzulassen.
4. Gegenüber Rückfälligen ist die Dauer der Bewährungsfrist zu erhöhen.
5. Während der Bewährungsfrist ist der Aufenthalt im In- und Auslande gleichgestellt.
6. Die Rehabilitation tilgt die Verurteilung und beseitigt für die Zukunft alle Rechtsentziehungen, welche die Folge dieser Verurteilung waren.
7. Die Strafregistereintragungen sind dementsprechend nach der Rehabilitation zu löschen.
8. Das Fragerecht des Richters nach Vorstrafen von Angeklagten und Zeugen ist so zu limitieren, daß dadurch nicht dem Prinzip der Rehabilitation zuwidergehandelt wird.
9. Die Veröffentlichung des Rehabilitationsgesuches oder -beschlusses ist zu vermeiden.

---

[1] Angenommen wurden in der Abstimmung These 1 und 2 Letztere in der Fassung: „**Sie empfiehlt in erster Linie die Wiedereinsetzung durch gerichtliche Entscheidung**“.

Druck von A. W. Hayn's Erben, Potsdam und Berlin.

Kolibri 360 GmbH
Ferdinand-Jühlke-Straße 7
99095 Erfurt, Deutschland
produktsicherheit@kolibri360.de